Hellmut Laun
So bin ich Gott begegnet

Hellmut Laun

So bin ich Gott begegnet

Eine ungewöhnliche Bekehrung

Herausgegeben und
mit einem Nachwort versehen
von Andreas Laun

Franz–Sales–Verlag

Die Deutsche Bibliothek – CIP-Einheitsaufnahme

Laun, Hellmut:
So bin ich Gott begegnet : eine ungewöhnliche Bekehrung / Hellmut Laun. Hrsg. und mit einem Nachw. vers. von Andreas Laun. – 5. Aufl. – Eichstätt : Franz-Sales-Verl., 1996

ISBN 3-7721-0174-7

ISBN 3-7721-0174-7
5. Auflage 1996

Gesamtherstellung: Brönner & Daentler KG, Eichstätt

Inhalt

Vorwort

Als mich vor vielen Jahren der spätere Erzbischof von Wien, Kardinal Franz König, damals noch Professor in Salzburg, bat, meine eigenartigen Erlebnisse, die mich schließlich in die Kirche führten, niederzuschreiben, lehnte ich ab. Einerseits, weil es immer schwerfällt, Dinge, die das Innerste der eigenen Seele betreffen, einer größeren Öffentlichkeit preiszugeben; andererseits, weil es schwierig ist, solche Erlebnisse, wie sie mir zuteil geworden sind, verständlich zu machen.

Der Wunsch, das eigene Innere verborgen zu halten, muß heute angesichts der großen Krise der Kirche und des Glaubens zurücktreten. Auch ist die Sehnsucht der Menschen nach Sinn und Orientierung gewachsen. Mit wachsendem Staunen sehe ich, wie viele Menschen Gott suchen, aber nicht dort, wo er zu finden wäre.

Darum will ich dieses Buch schreiben: um die Menschen zu ermutigen. Ich möchte denen, die aufrichtigen Herzens Gott suchen, behilflich sein durch das Zeugnis meines Lebens. Sie sollen sehen, daß ich mit Paulus sagen kann „Ich weiß, wem ich geglaubt habe“ und daß auch sie Jesus und seiner Kirche glauben können.

Freilich, es gibt auch solche, die froh sind, nicht – wie sie meinen – an Gott glauben zu „müssen“. Diesen Menschen kann ich nicht helfen. Der Glaube ist und bleibt frei. Denjenigen, der nicht glauben will, kann niemand zwingen.

Was ich erzähle, ist ein persönliches Zeugnis. Es ist kein Beweis, den ich „auf den Tisch legen könnte“. Denn alle, denen ich von meinen Erlebnissen erzähle, bleiben unvermeidlich „Zeugen von außen“, die darauf angewiesen sind, mir zu glauben – oder eben auch nicht.

Ich muß meinen Leser um Geduld bitten, wenn ich zuerst auf rund 50 Seiten mein profanes Leben erzähle. Aber er soll wissen, woher ich kam, was ich dachte und auf welchen Bahnen mein Leben bis zu dem Zeitpunkt verlief, als Gott in besonderer Weise eingriff.

Vor allem für junge Leser scheint es mir auch wichtig zu sein, solche anschauliche Berichte über frühere Zeiten zu lesen. Das gilt natürlich vor allem für die dunkle Periode des Nationalsozialismus.

Auf diese Weise hoffe ich, einen Beitrag zur „Neuevangelisierung" der Welt zu leisten.

Hellmut Laun

Indem ich dieses Glaubens-Zeugnis anläßlich meiner Bischofsweihe am 25. März 1995 neu herausgebe, hoffe ich, daß es viele Menschen genau in der genannten Richtung – zum Glauben nämlich – ermutigt. Jede Gotteserfahrung, von der wir hören, ist auf ihre Art eine „Verkündigung des Herrn".

Andreas Laun
Weihbischof in Salzburg

I. Vorgeschichte

Ich lebte bis zu meinem 21. Geburtstag in einem kleinen Ort auf der Schwäbischen Alb mit dem schönen Namen Königsbronn. Diesen Namen verdankt das Dorf dem Brenzursprung, einer starken, kristallklaren Quelle, die am Fuße einer steilen Felswand mit malerisch überhängenden alten Bäumen in einem großen „Felstopf" entspringt. Dieser „Ursprung", wie er im Weiler genannt wurde, gleicht dem bekannten „Blautopf" von Blaubeuren, der durch Eduard Mörikes „Geschichte von der schönen Lau" eine gewisse Berühmtheit erlangt hat. Durch eine besondere Spiegelung und infolge der unergründlich scheinenden Tiefe des Topfes leuchtet das Wasser in einem geheimnisvollen Blau und wird deshalb viel besucht und bewundert.

Diese Brenzquelle hatte für Königsbronn eine besondere Bedeutung, ja der Ort verdankt ihr geradezu seine Entstehung und im weiteren Verlauf seine wirtschaftliche Entwicklung. Zu beiden Seiten des Brenztales erstrecken sich nämlich auf den Höhenzügen des Albuches nach Süden und des Härtsfeldes nach Norden riesige Wälder, in denen noch zu Lebzeiten meines Großvaters Luchse und Wildschweine hausten. Diese Wälder waren von alters her die bevorzugten Jagdgebiete der Herzöge und späteren Könige von Württemberg. Als nun Albrecht I. von Habsburg einmal das Kloster Blaubeuren mit dem erwähnten Blautopf besichtigte, regte sich in ihm der sehnsüchtige Wunsch, einen ähnlichen Ort zur Stiftung eines Klosters aufzufinden.

Die Sage erzählt, daß er tags darauf mit seinem Gefolge an den Brenzursprung gekommen sei und diesen Platz als den für seine Stiftung richtigen erkannt habe. In der Stiftungsurkunde vom 29. April 1303 erklärte Albrecht, „er habe beschlossen, zu Springen" – so hieß der winzige Weiler damals – „ein Kloster des Zisterzienserordens zu stiften, um dadurch den Fehler der Undankbarkeit gegen seinen Schöpfer möglichst zu vermeiden und für seine und der Seinigen Sünden durch die Gebete und Verdienste der Mönche desto eher Vergebung zu erlangen." Königsbronn war auch tatsächlich für ein Zisterzienserkloster ein besonders geeigneter Platz, denn die Zisterzienser errichteten bekanntlich ihre Klöster fern von den Städten in ruhiger Waldeinsamkeit und in entlegenen Tälern; so wurde schon im Jahre 1325 das von Albrecht gestiftete Kloster durch Mönche aus dem Kloster Salem bei Überlingen am Bodensee besiedelt.

Ich erzähle diese Gründungsgeschichte meines Geburtsortes deshalb, weil der bis dahin völlig unbedeutende und noch ganz unbekannte Ort dadurch ein gewisses Ansehen erlangte, und, wenn man so sagen darf, Anschluß an die große Welt bekam.
Denn der Zisterzienserorden, im Jahr 1098 durch Herzog Odo von Burgund in Citeaux in Frankreich gegründet, hatte enormen Zulauf und besaß schon 50 Jahre später in Deutschland 500 Abteien. Dadurch entwickelte sich auch die Neugründung in Königsbronn sehr rasch, bekam eine Klosterschule und entfaltete durch ihre vielen Verbindungen im ganzen Reich ein geistiges Leben, das dem Dorf plötzliche Geltung verlieh.

Die Stiftung des Klosters hatte aber auch wirtschaftliche Folgen. Die Römer, von denen das Gebiet schon im 2. und 3. Jahrhundert n. Chr. besetzt worden war, besaßen in ihrem Kastell zu Heidenheim, acht Kilometer von Königsbronn entfernt, bereits einen Schmelzherd. Ebenso fanden sich in den umliegenden Wäldern Reste sogenannter Waldschmieden, in denen Einödbauern, vielleicht auch durchziehendes Volk, auf primitive Weise Eisen gewonnen hatten. Waren doch alle Voraussetzungen für Eisengewinnung in dieser Gegend gegeben: zahlreiche Erzvorkommen in der Umgebung, viel Holz, das man damals zum Schmelzen von Eisen benötigte, und beachtliche Wasserläufe, die die notwendige Energie für die Blasebälge und die Eisenhämmer lieferten. In einer Studie, die im Auftrag der heute sehr bedeutenden schwäbischen Hüttenwerke ausgearbeitet wurde, ist nachzulesen, daß „die metallurgischen Schätze der Königsbronner Gegend wohl zuerst von den Mönchen des Klosters Königsbronn beachtet und genützt wurden". Es steht urkundlich fest, daß die Eisenwerke von Königsbronn um die Mitte des 14. Jahrhunderts entstanden sind und dem Kloster zugehörig waren. Aber schon bald nach seiner Gründung wurde dieses in die Kämpfe des Reiches verwickelt und im Jahre 1552 samt der herrlichen Klosterkirche niedergebrannt und zerstört. Der württembergische Herzog ließ Kloster und Kirche zwar im Jahre 1565 wieder aufbauen, der katholische Gottesdienst wurde jedoch von protestantischen Landesherrn gänzlich abgeschafft.

Die Mönche verließen das Kloster, und eine evangelische Klosterschule wurde eingerichtet, die bis im Jahre 1595 bestand. Wenig später begann der Dreißigjährige Krieg, und unter dessen verheerenden Folgen hatte auch Königsbronn zu leiden. Dazukam noch die Pest. Die Bevölkerung litt unsäglich unter den Drangsalen der Zeit. Im Jahre 1650 wird die Gesamteinwohnerzahl von Springen bzw. Königsbronn mit 38 angegeben, und vom Kloster wird im Jahre 1652 berichtet, „daß es für sich selbst wie auch die darein gelegene Ziegelhütte und Mühle in der Ruin liegt“. Mit dem Ende des Dreißigjährigen Krieges kam Königsbronn wieder an Württemberg und wurde damit endgültig protestantisch. Im Jahre 1806 ging der einstige Klosterbesitz schließlich im Oberamt Heidenheim auf.

Ein ähnlich wechselvolles Schicksal wie dem Kloster widerfuhr auch den Eisenwerken. Ein Teil wurde in den Wirren des Dreißigjährigen Krieges zerstört. Sie fielen schließlich an den Staat und waren ab 1806 endgültig in dessen Verwaltung.

Zur Zeit meiner Jugend hatte Königsbronn jedoch, trotz der Eisenhütte, keinesfalls den Charakter eines Industrieortes. Die Bevölkerung bestand aus Kleinbauern und Handwerkern. Die Hammerschmiede war ein schöner, alter Bau nahe dem Bregenzursprung und meinem Geburtshaus. Mein Großvater arbeitete – wie alle seine Ahnen bis im Jahre 1686 zurück – als Hammerschmied in einem Eisenwerk. Er starb 18 Jahre vor meiner Geburt, und ich kenne ihn daher nur aus den Erzählungen meines Vater. Er soll, wohl durch Abstammung und Beruf, ein bärenstarker Mann gewesen sein. Man erzählte mir etwa, daß in den

Wirtshäusern an arbeitsfreien Tagen oft gerauft wurde. Wenn dann der Polizist des Ortes mit den Burschen des Eisenwerkes nicht fertig werden konnte, holte er meinen Großvater, der selbst der ärgsten Raufbolde Herr wurde und die Ruhe wieder herstellte. Der Großvater wilderte auch viel. Man berichtete mir von manchem Abenteuer mit Wildschweinen und Luchsen. Wildern war freilich damals in Königsbronn gang und gäbe und wurde mehr oder weniger geduldet, weil der Wildreichtum in den großen Wäldern so gewaltig war, daß sich der Verlust in Grenzen hielt.

Dieser Großvater hatte zwölf Kinder. Mein Vater fiel in der Schule durch seine Begabung und sein Zeichentalent auf. So kam es, daß er zwar auch nur die Volksschule besuchen konnte, dann aber – nach Generationen einfacher Hüttenarbeiter – bei der Kattunmanufaktur in Heidenheim zur Lehre kam, um „Dessinateur" zu werden. Damals war gerade der Mehrfarbendruck für Baumwollstoffe aufgekommen. Die Dessinateure lieferten dazu die Entwürfe. Es war ein neuer, aufstrebender Beruf, und mein Vater konnte sich bald selbständig machen, bildete sich im Ausland weiter und eröffnete schließlich in Kolmar ein eigenes Büro mit Angestellten, die seine Ideen und Entwürfe ausarbeiteten. Aber je weiter sich die Kattundruckereien entwickelten und ausbreiteten, um so mehr gingen sie dazu über, eigene Dessinateure anzustellen. Schließlich ließ mein Vater sein Büro in Kolmar auf und zog sich wieder nach Königsbronn zurück, um von hier aus seine im Ausland gewonnenen Kunden in kleinerem Umfang weiter zu beliefern.

Mein Vater war also der erste in einer langen Ahnenreihe von Werksarbeitern, dem der Aufstieg in einen etwas gehobenen Stand gelungen war. Sein um 16 Jahre jüngerer Bruder Hans fiel ebenfalls durch seine Begabung auf. Auch er konnte wegen der Armut der Eltern keine höhere Schule besuchen, kam aber in eine kaufmännische Lehre und brachte es schließlich mit der finanziellen Hilfe meines Vaters zum Prokuristen einer Textilfabrik in Stuttgart. So gelangte er zu einem gewissen Wohlstand und heiratete schließlich die Tochter eines Wirts und Weinhändlers, die ihm vier Töchter schenkte.

Auch mein Vater hatte – Jahre vor diesem Bruder – in Königsbronn geheiratet. Seine Frau war die einzige Katholikin, die ich in unserem weitverzweigten Stammbaum fand. Der Sohn aus dieser Ehe, Julius, war jedoch protestantisch. Die Katholizität dieser ersten Frau meines Vaters hinterließ also keine religiösen Spuren in unserer Familie. Die Frau starb schon neun Jahre nach der Geburt des Kindes. Mein Vater lebte als Witwer allein mit seinem Sohn, der ihm später, ebenfalls zeichnerisch begabt und vom Vater als Dessinateur ausgebildet, in seinem Büro half. Einige Jahre darauf starb der erwähnte jüngere Bruder des Vaters in Stuttgart und hinterließ seine Frau und vier Töchter im Alter von acht bis vierzehn Jahren.

Wie mir erzählt wurde, besuchte nun mein verwitweter Vater wiederholt seine Schwägerin mit ihren unversorgten Kindern. Er heiratete sie schon ein Jahr nach dem Tod seines Bruders. Oft hat mich später der Gedanke beschäftigt, was die Motive für diese Ehe gewesen sein mögen. Eine Liebesheirat war es mit größter Wahrscheinlichkeit nicht. Wohl mag der Gedanke vorgeherrscht haben, den Kindern des Bruders wieder einen Vater zu geben. Immerhin hatte die Witwe ein – wenn auch bescheidenes – Vermögen, das für die Versorgung der vier Mädchen einigermaßen ausgereicht hätte. Jedenfalls kam die Ehe zustande. Die Schwägerin, eine eher willensschwache und anlehnungsbedürftige Frau, löste den Haushalt in Stuttgart auf und übersiedelte mit ihren Töchtern nach Königsbronn, von der Stadt auf das Land, in das kleine schwäbische Dorf, wo jeder jeden kannte, in eine ihr und ihren Kindern völlig fremde Welt.

Bereits ein Jahr später kam ich zur Welt, freudig begrüßt von allen, besonders von meinen Halbschwestern, die sich immer schon ein Brüderchen gewünscht hatten. Aber nach kurzer Zeit zeigten sich erste Anzeichen schwerer Konflikte, die sich im Laufe der Zeit für alle Beteiligten tragisch auswirken sollten.

Mein Vater hatte sein altes, einfaches Haus abreißen lassen und errichtete an dessen Stelle einen neuen, großen Fachwerkbau, in dem unten Büros für seinen Dessinateurbetrieb vorgesehen waren, während in den oberen Stockwerken seine nun stattlich angewachsene neue Familie samt seinem Sohn Julius aus erster Ehe untergebracht wurde. Im Dorf waren der Bau dieses schönen Hauses, die noble Verwandtschaft aus der Landeshauptstadt und das Glück meines Vaters für lange Zeit das Tagesgespräch. Die Differenzen der Eheleute drangen erst Jahre später nach außen.

Die Ursachen für die Zerwürfnisse waren verschiedenster Natur: teilweise lagen sie in den unterschiedlichen Charakteren meiner Mutter und meines ganz anders gearteten Vaters; teilweise hatten sie finanziellen Hintergrund. Dazu kam, daß meine Schwestern von Anfang an in Opposition zum Stiefvater, dem früheren „Onkel Julius", standen. Die Mutter, zu schwach, sich den ersten Auflehnungen gegen den unerwünschten neuen Vater entgegenzustellen, hatte den besten Willen, allen alles recht zu machen, konnte aber gegen den vereinten Widerstand der vier heranwachsenden Töchter wenig oder nichts erreichen. Auf der anderen Seite stand der zehn Jahre ältere „neue Bruder" Julius, der vorbehaltlos zu seinem Vater hielt und die immer häufiger auftretenden Streitigkeiten noch schürte. Trotzdem hätte das Unglück sicherlich nicht die späteren Dimensionen angenommen, hätten nicht alle, die davon betroffen waren, ohne Religion gelebt. Mein Vater war das, was man einen Freigeist nannte. In ganz Königsbronn gab es nur eine einzige katholische Familie, die des Brauereibesitzers, dessen Sohn mit mir in die Schule ging, an dem ich aber nie etwas bemerken konnte, was auf eine andere Denkart als die meinige hätte schließen lassen. Auch unsere gesamte Verwandtschaft, ebenso jene meiner Mutter in Stuttgart, war evangelisch, aber ohne daß dies einen erkennbaren Einfluß auf ihr Leben gehabt hätte. So konnte sich der Zwist in der Familie immer mehr vertiefen. Es war wie ein Verhängnis, das ungehindert seinen Lauf nehmen mußte.

2. Kindheitserinnerungen

Das erste Erlebnis, an das ich mich erinnere, ereignete sich, als ich etwa drei oder vier Jahre alt war. Es hat, scheint mir, noch keine Spuren in meiner Seele hinterlassen, war aber doch wie ein Anflug dunkler Schatten, die sich auf meine sonst so glückliche Jugend legen sollten. Das Geschehen selbst steht noch deutlich in meiner Erinnerung. Die mir damals unbekannten Umstände, die dazu geführt hatten, erfuhr ich freilich erst, als ich schon erwachsen war und mir langsam ein immer deutlicheres Bild von den vielfältigen Hintergründen der tragischen Ehe meiner Eltern machen konnte.

Es müssen offenbar schon schwere Streitigkeiten vorausgegangen sein, von denen ich als Kind keine Ahnung gehabt haben konnte oder die meinem Gedächtnis entfallen sind: Mein Vater schlief zu jener Zeit nicht mehr im elterlichen Schlafzimmer, sondern lebte mit seinem Sohn Julius unten im Parterre. Ich schlief zwischen meiner Mutter und meiner Schwester Emma im „Gräbele“ des Ehebettes. Dieses Gräbele, wie man es in Schwaben nennt, liebte ich als Kind sehr; wohl deshalb, weil es mir das Gefühl besonderer Geborgenheit zwischen zwei Erwachsenen gab. Es war eine sternklare Frühlingsnacht, und der Vollmond schien ins Zimmer. Ich erwachte, nicht durch ein Geräusch, sondern durch die Kälte, die mich weckte, weil ich ohne Bettdecke dalag. Die Betten links und rechts von meinem sonst so gemütlichen Gräbele waren leer – so viel konnte ich im Mondlicht sehen. Natürlich erschrak ich und begann, vor Angst laut nach der Mutter zu rufen. Endlich hörte ich draußen im Wohnzimmer Schritte. Eine meiner Schwestern stürzte ins Zimmer, wickelte mich eilig in eine Decke und hastete mit mir die Treppe hinauf in ein darüberliegendes Zimmer im zweiten Stock. Die Tür wurde rasch verriegelt, und ich fiel in die Arme meiner weinenden Mutter, die sich hier mit allen vier Töchtern eingeschlossen hatte. Erst allmählich konnte ich den bruchstückweisen Erzählungen der verängstigten Frauen halbwegs entnehmen, was sich ereignet hatte: Der Vater und mein älterer Halbbruder waren spät abends heimgekommen, als die übrige Familie schon schlief. Meine älteste Schwester hatte die Tür zu unserem Wohnzimmer im ersten Stock abgeschlossen, offenbar deshalb, weil sich zu jener Zeit die Mädchen schon vor dem Stiefvater, besonders aber vor Julius fürchteten. Die verschlossene Tür hatte die beiden Männer so erregt – sie war von ihnen vermutlich als Provokation aufgefaßt worden –, daß sie die Tür eindrückten und weiter in das dahinterliegende Schlafzimmer vordringen wollten. Mutter und Schwester, die neben mir schliefen, waren zu Tode erschrocken. Die beiden Männer aber waren durch die samt dem Türstock aus der Verankerung gerissene Tür offenbar doch ernüchtert worden, hatten das Schlafzimmer auch verschlossen gefunden und waren schließlich in ihre Räume im Parterre zurückgekehrt. Diesen Augenblick hatten meine Schwester und meine Mutter genützt, um in den zweiten Stock zu fliehen. Das Bettzeug hatten sie dabei mitgenommen, mich aber in der Eile und Verwirrung liegen lassen, wohl wissend, daß mein Vater mir nichts antun würde. Als mich eine der Schwestern unten laut schreien hörte, faßte sie Mut, stieg die Treppe nochmals hinunter und holte mich. Noch heute, nach so vielen Jahren, erinnere ich mich, daß die ganze Situtation den Eindruck eines unbegreiflichen Unglücks auf mich machte.

Dieses Erlebnis wirkte offenbar unbewußt in mir weiter, denn von nun an merkte ich auch alle weniger drastischen Anzeichen einer mir rätselhaften Spannung in der Familie. Aber ein Kind vergißt ebenso schnell wieder. Glücklicherweise empfing ich von allen Seiten viel Liebe: Meine viel älteren Schwestern verwöhnten den kleinen Bruder; die Mutter war zärtlich und oft sogar zu nachgiebig, und ebenso genoß ich die volle Zuneigung meines Vaters. Ich war also durchaus von Liebe umgeben, stand aber zwischen zwei feindlichen Lagern und hörte oft von beiden Seiten Äußerungen, die nicht für meine Ohren bestimmt waren und die ich auch meist nur halb oder gar nicht verstand. Was ich jedoch mit zunehmendem Alter immer deutlicher fühlte, war der schwelende Konflikt, der nach außen hin noch wenig zutage trat.

Ehe ich in die Schule kam, spitzte sich die Lage dramatisch zu. Als ich einmal vom Spielen mit meinen Kameraden heimkehrte, fand ich lauter verweinte, ja verstörte Gesichter vor. Zögernd, zum Teil verschleiert, erfuhr ich den Sachverhalt: Mein Vater hatte meine Mutter vor dem Dienstmädchen geohrfeigt! Stunden später wußte es das ganze Dorf. Welche Demütigung für meine Mutter! Dabei war ein ganz geringfügiger Vorfall der Anlaß gewesen: Die Mutter war mit dem Mädchen in der Waschküche beim Waschen. Als sie schon fast fertig waren, kam mein Vater und brachte noch einige Stücke. Die Mutter lehnte es ab, nochmals von vorne anzufangen. Es kam zu einem Wortwechsel, und schließlich ließ sich mein Vater im Zorn zu einer Affekthandlung hinreißen ...

Damit begann eine aufregende Zeit für die ganze Familie. Für mich war es noch am wenigsten spürbar, denn in dem kleinen Dorf hatte ich viele Spielkameraden, und die großen Wälder und Wiesen waren für uns ein Paradies zum Herumtollen. Schließlich merkte ich aber doch, daß etwas Ernsthaftes im Gang war. Die Verwandten kamen aus Stuttgart angereist, darunter mein Onkel Friedrich, der Bruder meiner Mutter, und man eröffnete mir, daß wir von Königsbronn wegziehen und nach Bad Cannstatt übersiedeln würden. Ein großer Möbelwagen fuhr vor, das ganze Haus wurde bis auf ein Zimmer geräumt, und ich durfte zum erstenmal in einem Schnellzug fahren, in eine fremde, große Stadt – ein aufregendes Erlebnis! Mein Vater blieb allein zurück, und meine Mutter, meine Schwestern und ich zogen in eine Wohnung im Haus meines Onkels Friedrich ein.

Für mich, den Landbuben, fing damit ein ganz anderes Leben an. Die große Stadt war mir etwas völlig Neues! Eine Straßenbahn hatte ich noch nie gesehen! Während ich aber im Kreis meiner Königsbronner Kameraden immer eine Art Anführer gewesen war, fühlte ich mich in der neuen Umgebung allen unterlegen. Mein Vetter Fritz und meine beiden Kusinen waren etwa im gleichen Alter wie ich, mir jedoch weit überlegen. Sie ließen mich das nach Kinderart auch deutlich fühlen. Meine vielfachen Fertigkeiten, die ich vom Land mitbrachte, zum Beispiel das Fangen von Forellen mit der Hand oder das Erklettern hoher Felsen, konnte ich in der Stadt nicht unter Beweis stellen. Wenn ich von früheren Abenteuern berichtete, wurde ich nur ausgelacht und solcherlei Erzählung als Prahlerei abgetan.

Meine Kusinen, viel wortgewandter als ich schüchterner Dorfbub, erfanden noch dazu für mich einen Spottnamen. Wegen meiner runden Kopfform (später von einem Professor unserer Schule als typisch mesokephal charakterisiert) nannten sie mich „Kegelkugelköpfle", und dieser Spottname war bald im Munde aller Cannstätter Spielkameraden, was mich lange ärgerte, bis ich endlich nach Monaten als Gleichberechtigter an ihren ganz anders gearteten, städtischen Spielen teilnehmen durfte.

Ich war also in der neuen Umgebung anfangs recht unglücklich. Erst langsam gewöhnte ich mich einigermaßen an die Stadt und begann sogar allmählich, das Landleben zu vergessen. Nach mehr als einem Jahr – meinen Vater hatte ich nur noch dunkel in Erinnerung – schnappte ich beim gemeinsamen Essen gewisse Äußerungen auf, die mir verrieten, daß wieder etwas vorging, was man mir verbergen wollte. Viele Jahre später erfuhr ich die Hintergründe: Meine Mutter hatte einen Scheidungsprozeß gegen meinen Vater angestrengt. Es hatte mehrere Gerichtsverhandlungen gegeben, von denen ich natürlich nichts erfuhr. Schließlich kam das Urteil: Meine Mutter verlor den Prozeß und mußte nach Königsbronn zurück! Mein Bruder Julius, meines Vaters Sohn aus erster Ehe, hatte laut Gerichtsbeschluß das elterliche Haus zu verlassen. Ich wurde meinem Vater zugesprochen, wohl in der richtigen Annahme, daß es dann meiner Mutter leichter fallen würde, wieder nach Königsbronn zu ziehen. Dann gab es noch einige vermögensrechtliche Bestimmungen zugunsten meiner Schwestern, welche die bisherigen Rechte meines Vaters einschränkten. Aber diese Dinge erfuhr ich erst viel später, denn ich war ja damals erst knapp sechs Jahre alt und – wegen der Übersiedlung nach Cannstatt – noch nicht einmal in der Schule.

An mir wurde das Urteil zuerst vollstreckt. Eines Tages eröffnete man mir, daß ich wieder zu meinem Vater nach Königsbronn zurückkehren dürfe. Papa würde mich in den nächsten Tagen vom Bahnhof Stuttgart abholen. Über diese Nachricht erschrak ich sehr. Ich weinte und erklärte, unbedingt bei meiner Mutter und meinen Schwestern bleiben zu wollen. Auch meine anderen Verwandten hatte ich mittlerweile liebgewonnen und ich wollte mich nun um keinen Preis von meinen Vettern und Kusinen trennen.

Schließlich ließ ich mich beruhigen, besonders mit der Aussicht, daß meine Mutter und die Schwestern bald nachkommen würden. Das Wiedersehen mit den schon fast vergessenen Spielkameraden in Königsbronn wurde mir in den berückendsten Farben vor Augen gestellt, so daß ich schließlich einwilligte, meine Schwester Sophie nach Stuttgart zu begleiten. Sophie als die jüngste der Schwestern hatte man zur Begleiterin ausersehen, weil sie mit meinem Vater noch am ehesten auskam.

Mir war bei der Fahrt zum Bahnhof sehr bang zumute, weil ich von den Verwandten so manches böse Wort über meinen Vater gehört hatte. Als ich ihn in der Bahnhofshalle wiedersah und Sophie mich zu ihm hinführte, begann ich laut zu weinen und wollte zurück zu meiner Mutter. Mein Vater war sichtlich betroffen über diese unerwartete Reaktion. Es kam ihm wohl erst jetzt so recht zu Bewußtsein, was die Streitigkeiten zwischen Mutter und ihm in mir angerichtet hatten. Es bedurfte seiner ganzen Überredungskunst, daß ich schließlich, immer noch widerstrebend, mit ihm fuhr.

Der erste Gang in Königsbronn führte in das Gasthaus, auf das mein Vater, der allein lebte, angewiesen war. Ich sehe heute noch im Geist die bärtigen Männer, die lärmend in der Wirtsstube herumsaßen, Bier tranken und mich lautstark begrüßten. Unser Haus, in das mich mein Vater dann führte, war vollkommen leer und machte auf mich einen fremden, fast unheimlichen Eindruck. Mein Vater hauste in einem Zimmer im zweiten Stock inmitten großer Unordnung. Alles war anders, als es früher gewesen war.

Wie zu erwarten, lebte ich mich jedoch in wenigen Wochen wieder ein. Meine Spielkameraden begrüßten mich stürmisch. Bald entdeckten wir, daß sich die vielen leeren Zimmer unseres Hauses ideal für neue Spiele eigneten. Mein Vater ließ uns gewähren, kümmerte sich auch wenig um mich, und so waren viele Räume bald angefüllt mit allerlei Verstecken, die wir bastelten, und mit Indianerzelten, die wir in den weitläufigen Zimmern errichteten. Im Erdgeschoß gab es ein großes Badezimmer mit einem in den Boden eingelassenen gekachelten Wasserbecken. In diesem Becken tummelten sich bald Forellen aus der nahen Brenz und andere Wassertiere. Mein Vater war froh, daß diese unerwartete Freiheit mich mit meiner erzwungenen Rückkehr versöhnte und die Cannstätter Zeit mehr und mehr vergessen ließ. Er drückte wohl auch öfter als sonst ein Auge zu, weil ihn meine Anhänglichkeit an die Mutter und die Schwestern sehr geschmerzt hatte.

Monate später – es war an einem Vorfrühlingstag –, als ich gerade in ein Spiel vertieft war, hörte ich von ferne eine vertraute Stimme meinen Namen rufen. Mit ungläubigem Erstaunen horchte ich auf. Es war meine Schwester Maria! Sie war gekommen, um uns von Mutters bevorstehender Rückkehr zu unterrichten. Meine Freude war grenzenlos!

Nun begann ein großes Reinemachen in allen Zimmern. Die Forellen und Molche mußten aus dem Bad heraus und ich ins Bad hinein, denn ich war nur noch barfuß herumgelaufen und unbeschreiblich schmutzig. Einige Tage später kam dann der gleiche große Möbelwagen angefahren, der uns seinerzeit nach Cannstatt gebracht hatte, und die Zimmer wurden wieder eingerichtet, alles kam genau an seinen alten Platz. Man kann sich denken, was für ein Schauspiel das für die Königsbronner war! Das ganze Dorf sprach tagelang von nichts anderem, und ich konnte später ermessen, welche Demütigung auch diese Heimkehr für meine arme Mutter gewesen sein mochte. Es lief auch nicht alles so weiter, wie wir es von früher gewohnt waren. Mein Vater lebte im zweiten Stock, also ganz oben im Haus. Julius durfte entsprechend dem Gerichtsbeschluß nicht mehr bei uns wohnen. Meine Mutter bezog mit meiner Schwester Maria und mir den ersten Stock; die Büros im Parterre wurden vermietet. Mein Vater aß nicht mehr gemeinsam mit uns, sondern bekam sein Essen hinaufgeschickt, so daß fast alle Reibungsflächen ausgeschaltet waren. Die anderen Schwestern nahmen Stellungen in Stuttgart an und kamen nur noch gelegentlich übers Wochenende und in den Ferien nach Hause. Für mich begann endlich die Schule.

So wurde das ganze Leben friedlicher, obwohl eine eigentliche Versöhnung nicht stattfand und die Konfliktsituation bestehen blieb. Aber für mich war die Spannung erträglicher. Ich lebte unten bei der Mutter, ging jedoch oft und gern zu meinem Vater hinauf, den ich liebte und der mich, einsam geworden, seinerseits gerne bei sich sah.

Eine Szene erhellte freilich blitzartig, wie tief der Zwist, den alle Erwachsenen vor mir zu verbergen suchten, durch die Familie ging. Das Geschäft meines Vaters brachte zu jener Zeit fast keinen Gewinn mehr. Die Familie lebte von den Zinsen des relativ kleinen Vermögens, das meiner Mutter und meinen Stiefschwestern verblieben war. Jedes Vierteljahr kam von einer Stuttgarter Bank ein gelbes, versiegeltes Kuvert mit diesen Zinsen. Es mußte laut Gerichtsbeschluß meinem Vater, dem Familienoberhaupt, übergeben werden. Das Kapital selbst durfte er nicht mehr angreifen; es wurde vom Vormund meiner Schwestern verwaltet. Eines Tages, als ich gerade bei meinem Vater oben spielte, läutete es, und der Geldbriefträger überbrachte das erwähnte gelbe Kuvert. Ich sah, wie es der Vater nervös öffnete und dann einen bestimmten Betrag zurücksteckte. Ich hatte diesen Vorgang noch nie erlebt und schaute erstaunt zu. Schließlich drückte mir mein Vater das Kuvert in die Hand und forderte mich auf, es der Mutter hinunterzubringen. Arglos sprang ich die Treppe hinab und wollte schon wieder umkehren, als meine Mutter einen unterdrückten Schrei ausstieß und zu weinen begann. Zufällig waren an diesem Tag außer Maria auch die anderen Schwestern zu Hause. Die Mädchen eilten also herbei, zählten das Geld nach, das ja für die nächsten drei Monate reichen mußte, und bestärkten meine Mutter in ihrer Empörung. Wie gerecht oder ungerecht mein Vater gehandelt hatte, konnte ich nicht beurteilen; ich weiß es auch heute nicht. Jedenfalls fand anstelle einer ruhigen Aussprache nun eine Auseinandersetzung statt, die mich erneut erschreckte und in mir die Erinnerung an frühere Kontroversen wieder weckte. Meine Mutter stürmte in höchster Erregung in das Zimmer meines Vater und überhäufte ihn mit Vorwürfen, worauf er sie am Arm packte und aus dem Zimmer drängte. Die Schwestern kamen nun ebenso lärmend der Mutter zu Hilfe. Da ergriff mein Vater – weiß vor Zorn – einen Stock und schwang ihn, oben auf der Treppe stehend, den Frauen drohend entgegen. Die Szene endete mit allgemeinem Geschrei und dem Zuschlagen von Türen, hinter denen meine noch immer weinende Mutter mit den Schwestern verschwand.

Mein Vater aber nahm mich zitternd bei der Hand, verließ mit mir das Haus, und wir gingen einen Weg durch das Dorf, der in den nahen Wald führte. Er sprach kein Wort. Auch ich war völlig verstummt. Dann brach es plötzlich aus mir heraus: „Papa, wenn du das noch einmal tust, dann gehe ich ins Wasser!“ Mein Vater wurde noch blässer, als er vor Aufregung schon war, dann antwortete er mir mit bebender Stimme: „Kind, jetzt verstehst du das alles nicht! Aber du wirst es einmal später verstehen, wenn du groß bist.“

Das war der letzte große Streit zu Hause, an den ich mich erinnere. Dann kam bald der Mobilmachungstag für den ersten Weltkrieg. Mein Vater lebte immer einsamer und zurückgezogener oben im zweiten Stock, mein Bruder Julius mußte einrücken, und die großen Veränderungen, die der Krieg mit sich brachte, ließen den Familienkonflikt in den Hintergrund treten. Zwei Jahre nach Kriegsanfang begann der Vater zu kränkeln. Er war bis dahin immer kerngesund gewesen und hatte lange, weite Wanderungen in seinen geliebten Wäldern unternommen. Schließlich vertraute der Arzt meiner Mutter an, daß keine Hoffnung mehr bestünde. Jetzt endlich begann das Eis in den Seelen zu schmelzen. Meine Mutter und die als einzige noch im Haus lebende Schwester Maria sorgten rührend für den schwerkranken Mann und verbrachten Stunden an seinem Krankenbett. Dabei ergriff mein Vater einmal in meiner Anwesenheit die Hand meiner Mutter und stammelte: „Mathilde, ich habe es immer gut gemeint

...“ Das wäre die Sternstunde für ein wahres Verzeihen gewesen. Aber meine Mutter, nicht verhärtet, aber sehr verlegen und hilflos, wußte nichts Rechtes darauf zu sagen, so daß eine wirkliche Versöhnung zumindest nach außen hin nicht zustande kam und die Worte der Vergebung nicht gesprochen wurden. Wenige Tage darauf kämpfte mein geliebter Vater seinen schweren Todeskampf. Am Bett standen meine Mutter, meine Schwester Maria, der Hausarzt und ich. Als jener nach Stunden der Agonie des Vaters uns Angehörigen ein Zeichen gab und meinem Vater die Augenlider schloß, brachen meine Mutter, meine Schwester und ich in ein bitterliches Weinen aus. Wir spürten und wußten alle, daß hier ein langes Ehedrama zu Ende gegangen war und daß der Verstorbene viele Jahre tief unglücklich und einsam gelebt hatte.

Mein Bruder Julius kehrte als Soldat zur Beerdigung heim. Am Grab traf er mit meiner Mutter und den Schwestern zum erstenmal nach Jahren wieder zusammen. Unter dem Eindruck von Vaters Tod kam damals eine formelle Versöhnung zustande, doch konnte auch sie der Realität der kommenden Jahre nicht standhalten.

3. Schulzeit

In meinen späteren Jahren habe ich erfahren, daß der beste Religionsunterricht in der Schule wenig oder keine Frucht bringen kann, wenn die Eltern nicht dadurch mitwirken, daß das Kind daheim gelebte Religiosität kennenlernt. Bei uns zu Hause wurde über Religion nie gesprochen; von einer religiösen Atmosphäre konnte keine Rede sein. Mein Vater war ein Freigeist und huldigte einem gewissen Pantheismus; jedenfalls war die Liebe zur Natur, die sich in seinen vielen Wanderungen in den Wäldern täglich kundtat, die einzige Nahrung seiner Seele. Meine Mutter war vielleicht eine heimliche Christin, aber nie habe ich von ihr ein religiöses Wort oder gar eine religiöse Mahnung gehört. So kam ich also nur in der Schule mit Religion in Berührung.

Wenn ich mich nach dem Einfluß dieses Unterrichts auf mein späteres Leben frage, so werden in mir nur einige wenige Eindrücke wach.

Der Klassenlehrer in der fünften Klasse, ein älterer Herr mit weißem Spitzbart, der in Heidenheim als Begründer des Heimatmuseums viel Ansehen genoß, hatte die von uns Schülern sonst nie erlebte Gewohnheit, morgens vor dem Beginn der ersten Schulstunde zu beten. Er las dabei einige Psalmen vor, in denen wiederholt die Stelle vorkam: „Wo ich geh, sitz und steh, laß mich dich erblicken und vor dir mich bücken. Amen." Es kann sein, daß dies nicht der richtige Text ist, sondern eine Verballhornung, die wir daraus gemacht hatten. Jedenfalls betrachteten wir diese Worte als eine Belustigung und nahmen sie keineswegs ernst. Das Hauptgewicht des Unterrichts lag auf den naturwissenschaftlichen Fächern Physik, Chemie und Mathematik – das waren die Gegenstände, die uns interessierten. Deutlich erinnere ich mich noch an einen Professor, der – ein einzigesmal! – in einer Physikstunde mit den Tränen kämpfte, als er abschweifte und uns dunkle Andeutungen über ein metaphysisches Thema machte. Er war

Anthroposoph, wie sich nach der Stunde herumsprach, was uns aber nur befremdete und keinen weiteren Eindruck hinterließ.

Eine größere und unerwartete Bedeutung bekam die Religion als Unterrichtsfach dann erst in der Maturaklasse, als wir etwa achtzehn Jahre alt waren. Als Religionslehrer hatten wir einen Stadtpfarrer würdigen Aussehens. Dieser legte unseligerweise ein gewisses Pathos an den Tag und sprach in einem salbungsvollen Ton, der uns nicht im geringsten lag. Er gab sich die beste, rührendste Mühe, uns für Religionsgeschichte zu interessieren; aber da bei uns allen die wichtigste Voraussetzung fehlte, nämlich der Glaube, stand der arme Mann auf verlorenem Posten. Für uns war die ganze Stunde eine amüsante Unterhaltung, und da der Herr Stadtpfarrer auch keine Zucht halten konnte, trieben wir es schließlich so bunt, daß er beim Rektorat um seine Enthebung ansuchte.

Was nun folgte, war eine große Überraschung für die ganze Klasse. Es kam ein neuer, von uns mit Spannung erwarteter Religionslehrer, ein Vikar, der noch vor kurzem an der Front gestanden war und in Reithosen mit Lederbesatz erschien, halb noch in Uniform, mit abgetrennten Offizierslitzen. Er war natürlich genau unterrichtet, weshalb sein Vorgänger bei uns den Unterricht niedergelegt hatte. Die erste Stunde verlief in vollster Disziplin, nicht die geringfügigste Störung kam auf. Das war noch begreiflich, weil wir ja den „Neuen“ erst kennenlernen wollten. Das „Wunder“ begann aber, als sich die Religionsstunde zum interessantesten Fach des Stundenplanes entwickelte. Das war so sensationell, daß der einzige Katholik der Klasse – er war unser Primus und natürlich vom protestantischen Unterricht befreit – von nun an freiwillig zur Stunde des Vikars kam und auch bis zum Schulschluß daran teilnahm. Die ganze Schule sprach von dieser „Kopernikanischen Wende“. Der Vikar stand uns natürlich auch altersmäßig viel näher. Er begann gleich in der ersten Stunde mit Oswald Spengler, dessen Buch *Der Untergang des Abendlandes* damals soeben erschienen war. Dann entwickelte er eine mathematische Gleichung, eine Funktion A durch B, wobei A das Ich war und B die Umwelt. Das Ich (A) blieb in ständiger Abhängigkeit von der Umwelt (B). Die Funktion wurde erst stabil, das heißt, das Ich bekam eine feste Beziehung zur Umwelt, wenn es sich mit dem unendlichen Gott verband, die Funktion also die Formel A mal Unendlich durch B annahm. Diese These präsentierte er mit vielen Überlegungen und Varianten. Er verstand es dabei meisterhaft, an unser primär naturwissenschaftliches Interesse anzuknüpfen, so daß wir das ganze Jahr hindurch fasziniert seinen Ausführungen und immer wieder neuen Bezügen zum realen, uns vertrauten Leben lauschten.

Gegen Ende des Schuljahres beschäftigte uns der Vikar auch mit klassischer Literatur, und das völlig Unerwartete war, daß er uns allen schließlich zum Abschied ein Büchlein schenkte mit der Widmung: „Zur Erinnerung an den Religionsunterricht." Das Büchlein enthielt die bekannte Erzählung *Der Großinquisitor* aus Dostojewskis *Die Brüder Karamasow*, die Iwan Karamasow, der Gottesleugner, seinem jüngeren Bruder Aljoscha erzählt, der als gläubiger Christ ins Kloster gegangen war. Die späten Tagebücher, die Dostojewski wenige Jahre vor seinem Tod geschrieben hat, beweisen, daß die Ansichten Iwan Karamasows über die römisch-katholische Kirche genau die Ansichten Dostojewskis selber gewesen sind: Die römische Kirche sei der Antichrist und habe das für die Menschen unbrauchbare Werk Christi „verbessert", das heißt, der wahren Natur der Menschen angepaßt. Die Erzählung Iwans ist so faszinierend, so genial und eindrucksvoll, daß sie damals einen tiefen Eindruck auf uns machte. Auch ich war jahrelang der Überzeugung, daß *Der Großinquisitor* das wahre Gesicht der römischen Kirche zum Ausdruck bringe. Es war gleichsam eine Warnung des Vikars an uns Maturanten, die ihn hoch schätzten: „Wenn ich vielleicht den einen oder anderen von euch zum Glauben an Christus gewonnen habe – der römisch-katholischen Kirche dürft ihr nicht glauben, sie ist der Antichrist!"

Geblieben war von diesem Unterricht also nur die Abneigung gegen die katholische Kirche. Sein religiöser Gehalt hat jedenfalls keine erkennbaren Spuren in meiner Seele hinterlassen. Jahrzehnte später, als unser Vikar längst Stadtpfarrer in Untertürkheim geworden war, sah ich den so geschätzten Religionslehrer wieder. Als er bei dieser Gelegenheit von mir hörte, daß ich beschlossen hatte, Katholik zu werden, war er tief betrübt und machte auch einen Versuch, mich zurückzuhalten. Aber seine Argumente bewirkten bei mir nichts mehr.

Wenn ich schon die Geschichte des Religionsunterrichts in der Maturaklasse erzählt habe, so möchte ich doch noch zurückgreifen und – als Gegenstück – über das vierte Schuljahr berichten, vor dem sich die Mehrzahl von uns bereits in der dritten Klasse gefürchtet hatte.

Wir waren damals etwa 13 Jahre alt. Der Klassenlehrer, der zugleich die Fächer Algebra und Deutsch unterrichtete, hieß Thalmann. Er war ein hagerer, großer Mann von damals vielleicht 35 Jahren und vermutlich Corps-Student oder Burschenschafter gewesen, denn ein auffallend großer, vom Ohr bis zum Mundwinkel reichender Schmiß, eine rote Narbe, verlief über seine linke Wange. Wenn er einmal lächelte, was aber höchst selten geschah, gab diese Narbe seinem Gesicht einen drohenden Ausdruck. Dieser Studienrat – so war, glaube ich, sein Titel – war der gefürchtetste Lehrer der ganzen Schule. Nur die besten Mathematiker der Klasse hatten nichts zu fürchten; denn Thalmanns Methode war nicht etwa gegen Disziplinlosigkeit gerichtet, sondern gegen schlechtes Rechnen. Noch nach Jahrzehnten zeigte sich bei Abituriententreffen, daß keiner der ehemaligen Schüler diese Algebra-Stunden vergessen hatte. Jedem hatte sich die vierte Klasse tief eingeprägt.

Es ist mir in gewissem Sinn immer rätselhaft geblieben, warum manche Lehrer bei uns Schülern geachtet waren und manche nicht. Bis zur fünften Klasse durfte mit Schlägen gezüchtigt werden; aber es gab Lehrer, bei denen wir auf einen einzigen Blick hin Disziplin hielten, und andere, die im Zorn schlugen und denen wir dennoch nicht folgten. Aber Thalmann war ein Typus einmaliger Art. Wenigstens habe ich nie etwas Ähnliches in der Schule erlebt und weder damals noch später etwas Ähnliches gehört. Man könnte sagen, die Klasse „vereiste“ vor ihm. Kein Flüsterwort wurde mehr gehört, wenn er das Klassenzimmer betrat. Bloß die guten Rechner schauten unbeteiligt drein, weil sie gewissermaßen nur Statisten waren. Der anderen bemächtigte sich eine seltsame Spannung. Der Unterricht in Algebra war zweimal wöchentlich und merkwürdigerweise am Nachmittag von drei bis vier Uhr. Ich erwähne dieses Detail der Szene, weil es im Winter um diese Zeit oft schon etwas dunkelte und im Zimmer elektrische Kohlenbogenlampen angezündet wurden, die ein kalkweißes Licht verbreiteten und deren leise zischendes Geräusch die unheimliche Stille im Klassenzimmer noch eindrucksvoller erleben ließ.

Thalmann sprach nie zur Klasse ein privates Wort, nie erzählte er etwas, das uns bewußt gemacht hätte, daß wir es mit einem wohlwollenden Menschen zu tun hatten. Er war immer knapp und sachlich. Und er war – ich kann es nicht anders sagen – ein eiskalter Schläger. Solange er selbst an der Tafel etwas erklärte oder vorrechnete, herrschte gespannte Stille. Die meisten wünschten sehnlichst, sein Vortrag möge bis zum Ende der Stunde dauern. Das geschah aber natürlich nie. Die Qual begann erst, wenn er die Kreide weglegte, sich mit dem Gesicht zur Klasse gewandt neben den Schüler auf die erste Bank setzte, dem neben ihm Sitzenden einen Stoß gab und zugleich Seitenzahl und Nummer der Aufgabe ansagte, mit der dieser zu beginnen hatte. Der Angestoßene begann nun, die Aufgabe vorzulesen. Meist handelte es sich darum, Gleichungen mit zwei oder mehreren Unbekannten zu lösen, nach den bekannten Angaben aus dem Leben: „Wenn ein Bauer mit fünf Kindern zehn Joch Grund etc." Der betreffende Schüler fing an, die Aufgabe laut zu lösen. Alle schrieben mit, die Köpfe über ihre Hefte gebeugt. Zufällig war der erste ein guter Rechner – der Primus der Klasse. Schon nach ein oder zwei Sätzen ertönte das Kommando: „Der Nächste!" Nun ging es der Reihe nach weiter, so daß die weiter hinten sitzenden Schüler schon nach der Uhr mit einiger Sicherheit berechnen konnten, ob sie noch drankommen würden oder nicht. Je nach dem Schwierigkeitsgrad der Aufgabe mochte es vorkommen, daß auf diese Weise die Hälfte der Klasse zum Ansagen kam, ohne daß das Geringste passierte. Es läutete, und wir verließen erleichtert das Zimmer.

Aber leider ging es oft, sehr oft anders. Wenn es nämlich hieß: „Der Nächste“ und der Schüler, der nun dran war, stockte bzw. nicht weiter wußte, so wurde aus der Stille eine lähmende Stille. Von vorne kamen zunächst nur Worte, z.B. „Wird‘s bald?“, oder „Ich höre nichts“. Das war schon ein gefährliches Stadium. Ging es dann noch immer nicht vorwärts, stand Thalmann auf, schritt langsam auf den betreffenden Schüler zu und stellte sich neben ihn. Das war nun der Moment, in dem das logische Denken bei manchen einfach ausließ. Dauerte die Stille weiter an oder verhaspelte sich der Rechner, so schlug Thalmann gleichmütig, ohne Erregung, in das Gesicht des Schülers. Immer mit dem Handrükken, denn der Lehrer stand ja während dieser Prozedur neben dem Schüler. In der Klasse hätte man eine Nadel fallen gehört. Manchmal kam das erlösende „Der Nächste“ früher, manchmal später, immer aber war es eine Qual auch für den Danebensitzenden, falls er nicht schon wußte, wie es mit der Gleichung weiterging.

Leider saß ich zu wenig weit weg von der ersten Bank, so daß ich relativ oft drankam. Vor mir saß der Sohn eines Friseurs aus Heidenheim, der wegen seiner kleinen Gestalt den Spitznamen „Little“ hatte. Diesen schlug Thalmann einmal so hart ins Gesicht, daß er die Stunde mit einem einseitig verschwollenen Gesicht verließ und wider Willen seinem Vater bekennen mußte, was geschehen war. Der Friseur ging nächsten Tages auf das Rektorat, wie wir dann erfuhren. Es gab jedoch keine Untersuchung, nichts geschah, und der arme Little wurde in den künftigen Stunden nicht anders behandelt als sonst, eher noch schlimmer.

Mir selbst ging es nicht besser. Einmal, als sich Thalmann wieder neben mich gestellt hatte, verließ mich förmlich alle Fassung. Ich wußte gar nichts mehr. Darauf schlug Thalmann derart zu, daß mir das Blut aus der Nase zu rinnen begann und auf mein Rechenbuch tropfte. Seine Worte daraufhin blieben mir unvergessen: „Du Schwein! Der Nächste!“ Schließlich war ich mit fortschreitendem Schuljahr so entmutigt, daß mich auch alle Spiele mit den Kameraden in meinem geliebten Königsbronn nicht mehr recht froh werden ließen. Ich erinnere mich noch deutlich, daß ich einmal nach einer Algebrastunde mit meinem Nachbarn, dem ähnlich zumute war wie mir, auf dem Bahnhof den Zug erwartete. Eine Straßenwalze tauchte auf und rollte langsam heran. Wir schauten das Ungetüm schweigend an und erwogen beide, wie einfach es doch wäre, sich unter diese Walze zu werfen; wie schnell wäre dann die Qual zu Ende! Dabei waren wir beide recht lebenslustige, fröhliche Buben.

Bereits in der dritten Klasse hatten wir einen ähnlichen Schläger, aber doch von ganz anderer Art, eher einen Polterer, der sogar bisweilen ein wenig betrunken in die Klasse kam und den wir dennoch mochten. Er thronte beim Rechenunterricht oft auf seinem Katheder und praktizierte folgende Methode: „Schlagt auf Seite X, Aufgabe Y! Anfangen!" Es wurde still in der Klasse, alle rechneten. Professor Dietrich, so hieß der Lehrer, beobachtete nun scharf seine Herde. Wer fertig war, also das Resultat hatte, mußte aufhören und das Heft zuklappen. Professor Dietrich kannte natürlich die guten Rechner und wartete so lange, bis eine ihm genügend erscheinende Anzahl der Schüler die Hefte zugeklappt hatte. Dann ertönte der Befehl „Feder weg!", und nun mußte auch der Rest zu rechnen aufhören und die Hefte schließen. Jetzt kam folgende Prozedur: Im Gänsemarsch mußten alle zum Katheder und ihr Heft vorzeigen. Jene, die die Aufgabe richtig gelöst hatten, mußten sich auf der rechten Seite der Klasse aufstellen; jene, die falsch gerechnet hatten oder nicht fertig geworden waren, auf der linken Seite. Dann kam die Exekution der linken Seite. Je nach dem Grad des Versagens bekam jeder der dort Stehenden mit einem elastischen Bambusstab eine oder maximal zwei „Tatzen" auf die Hand. Das konnte, besonders im Winter nach einer Schneeballschlacht im Hof während der Pause, sehr weh tun. Auf jeden Fall war es keine ermutigende Methode! Aber die robusteren Schüler machten sich wenig daraus. Wir fanden allerdings mit Scharfsinn bald heraus, daß auch Professor Dietrich bestechlich war. Nachdem ich ihm einmal ohne besonderen Anlaß aus unserem großen Garten ein paar Kilo Ribisel mitgebracht hatte, merkte ich deutlich eine Erleichterung in der Behandlung, die mich sehr verwunderte. Er wartete nämlich öfters, bis ich fertig war, und erließ erst dann sein

Kommando „Feder weg!“, so daß ich mich auf die rechte Seite stellten durfte. Diese Beobachtung sprach sich in der Klasse natürlich mehr und mehr herum. In der Folge wurde die ganze Praxis zwar beibehalten, jedoch durch unsere kleinen Geschenke gemildert.

Endlich ging auch das Schuljahr der vierten Klasse zu Ende, das so viele von uns nicht auszuhalten geglaubt hatten. Bei der Zeugnisverteilung – damals wurde nach Plätzen eingestuft – gab es zum Abschied noch eine Überraschung: Herr Thalmann kam in die Klasse, den Stoß mit den Zeugnisheften unter dem Arm. Er setzte sich auf seinen gewohnten Platz auf der ersten Bank, sah uns in die erwartungsvollen Gesichter und sprach: „Erster Ernst, Zweiter Teilacker, Dritter Josenshans ...“ Dann eine Pause. Mit einem Blick der Verachtung in die Klasse fuhr er fort: „So, aus diesen drei wird einmal etwas im Leben werden. Ihr anderen seid nichts wert!“ Den Rest der Hefte verteilte er ohne weiteren Kommentar und ging ohne Gruß wie immer aus der Klasse. Zu meiner großen Überraschung war ich als Vierter gereiht, aber eben schon unter jenen, die nach Thalmanns Urteil „nichts wert“ waren. Jedoch niemand zeigte sich deprimiert. Alle waren froh und voll neu erwachter Lebensfreude, weil die großen Ferien begannen und uns in der fünften Klasse kein Thalmann erwartete!

Nach einem Jahrzehnt folgte noch ein unerwartetes Nachspiel. Ich hatte tatsächlich durch die barbarischen Methoden dieses Lehrers, wie viele andere auch, eine Art von seelischem Trauma erlitten. Das zeigte sich bei vielen Gelegenheiten sehr deutlich, zum Beispiel so, daß ich bei den einfachsten Kopfrechenaufgaben plötzlich versagte, weil sich mir unter Angst eingeprägt hatte: „Rechnen kann ich nicht!“ Inzwischen war ich nach Österreich übersiedelt, war körperlich erstarkt, konnte jedoch die entwürdigende Behandlung durch Thalmann nicht vergessen. Ich sann förmlich auf Rache. Als ich wieder einmal nach Heidenheim kam, traf ich auf dem Bahnhofsplatz zufällig unseren einstigen Rektor, den wir alle gern gemocht hatten. Er erkannte mich wieder, und wir kamen ins Gespräch. Jetzt erzählte ich ihm von der Tragödie in der vierten Klasse und fragte, ob er denn gar nichts von all dem gemerkt habe. Er war ganz erschüttert und fragte umgekehrt, warum wir nicht zu ihm gekommen seien; er war ja für alles verantwortlich, was in der Schule vorging, und war ein bekannter Humanist, der solche Methoden verabscheute. Ich erinnerte ihn an den Fall des Friseursohnes und an die Folgen, die die damals versuchte Intervention des Vaters gehabt hatte. Er konnte sich nicht entsinnen, und ich bin überzeugt, daß er getäuscht worden war, denn er war ein Idealist und als solcher naiv und weltfremd. Als ich ihm dann verriet, daß ich Thalmann aufsuchen, zur Rede stellen und durch ein paar kräftige Ohrfeigen an sein skandalöses Verhalten erinnern wollte, war der alte Rektor besonders betroffen und bat mich, davon doch Abstand nehmen zu wollen. Erstens sei Thalmann schon seit Jahren nicht mehr in Heidenheim, und zweitens entwaffnete er mich mit folgender Mitteilung: Er hätte mit Thalmann vor dessen Versetzung noch verschiedene Gespräche allgemeiner Art geführt. Dabei habe dieser ihm anvertraut, daß er an der Situation der Menschheit fast verzweifle und daß er die Überzeugung gewonnen habe, nur das Christentum könne die Heilung und Rettung der Welt herbeiführen. Diese unerwartete Äußerung machte mich sprachlos. Ich selbst war damals zwar noch weit entfernt von einer solchen Einsicht, über meine Rachegedanken jedoch beschämt. Noch nach Jahren beschäftigte mich diese Auffassung, und nach meiner Konversion dachte ich auch ganz anders über jenen Thalmann, der gewiß ein sehr unglücklicher Mensch gewesen war.

Trotz der geschilderten negativen Erlebnisse in der Schule fiel uns nach der Matura der Abschied von der Mehrzahl unserer Lehrer schwer, und ich kann mich nicht erinnern, daß bei einem der Mitschüler irgendeine Bitterkeit zurückgeblieben wäre. Das zeigte sich auch deutlich bei späteren Maturantentreffen, bei denen wir unsere alten Lehrer, soweit sie noch kommen konnten, immer freudig begrüßten.

Etwa ein Jahr vor dem Abschied von der Schule ereignete sich noch etwas Außergewöhnliches: Eines Vormittags während der Englischstunde hörte man plötzlich wildes Lärmen im Schulhof und das Getrappel vieler Füße. Wir stürzten an die Fenster und sahen eine Menge aufgeregter Menschen ins Schulgebäude strömen. Es war der Anfang des „Spartakusaufstandes“[1]. Was war geschehen? Auf dem Markt in Heidenheim hatte ein Obsthändler angeblich überhöhte Preise für seine Ware verlangt. Eine Arbeiterfrau riß darauf aus Empörung einen Korb mit Obst an sich. Der Händler zog unglücklicherweise eine Pistole und bedrohte die Frauen, die ihn umdrängten. Daraufhin liefen einige der Frauen in die große Turbinenfabrik Voith und holten ihre Männer zu Hilfe. Voith beschäftigte damals etwa 5000 Arbeiter, die sogleich die Arbeit niederlegten und in Scharen zum Markt strömten. Der arme Obsthändler wurde von der aufgebrachten Menge buchstäblich zu Tode geprügelt. Das war das Signal zu einem allgemeinen Aufstand in der Stadt. Es bildete sich ein Revolutionsrat, der sogleich nach den Waffen der sogenannten Bürgerwehr suchte. Wir Schüler hatten keine Ahnung davon, daß ein Teil dieser Waffen im Keller unseres Schulgebäudes versteckt war. Das erfuhren wir erst, als die Menge wieder aus der Schule hinausströmte: Alle Männer waren mit Gewehren bewaffnet, teilweise wurden sogar Maschinengewehre mitgeschleppt. Binnen weniger Stunden war ganz Heidenheim in Aufruhr, ja es hieß, die Unruhen griffen in ganz Württemberg um sich. Alle Ausfallstraßen wurden gesperrt, der Zugverkehr eingestellt. Überall waren Gruppen von bewaffneten Arbeitern zu sehen. Wir Schüler mußten die Schule verlassen, und jene von uns, die auswärts wohnten, auch die Stadt.

Weiter geschah zunächst nichts. In Königsbronn, acht Kilometer von Heidenheim entfernt, herrschte Ruhe, aber alle Einwohner waren in gespannter Erwartung der Dinge, die da kommen würden. Bald gingen Gerüchte um, daß in den übrigen Industriestädten Ruhe herrsche. Andere wieder gaben zu wissen vor, daß auch bei Mercedes-Benz in Untertürkheim Unruhen ausgebrochen seien. Es verging fast eine Woche, ohne daß sich in Heidenheim etwas ereignet hätte – eine ungeheure Spannung lag in der Luft. Plötzlich trat das Unerwartete ein: Während auf allen Zufahrtsstraßen nach Heidenheim Barrikaden errichtet waren und Arbeiter hinter Maschinengewehren sturmbereit lagen, fuhr morgens gegen vier Uhr, als die ganze Stadt noch im Schlaf lag, ein Panzerzug langsam in den Bahnhof ein. Eine Spezialtruppe aus Stuttgart, für Straßenkämpfe speziell geschult, entstieg den gepanzerten Waggons und besetzte blitzschnell die strategisch wichtigen Punkte der Stadt. Kein einziger Schuß fiel. Es gab weder Tote noch Verletzte zu beklagen, was niemand zu hoffen gewagt hatte. Der Überraschungseffekt war so groß, die Spezialeinheit taktisch so überlegen, daß jeder Widerstand sinnlos erschien. Sämtliche Waffen mußten abgeliefert werden, und kurz darauf verließen die Soldaten die Stadt wieder. Alles atmetet auf, denn es hatte böse ausgesehen, und es war durchaus unwahrscheinlich gewesen, daß es ohne ein Blutbad abgehen würde.

4. Prägende Umwelteindrücke

Die geschilderten familiären Konflikte übten zweifellos einen nachhaltigen Einfluß auf mich aus. Andererseits verlebte ich doch auch eine sehr glückliche Jugend. Königsbronn war ein kleiner Ort. Jeder kannte jeden, und viele Bedingungen waren gerade für ein Kind so ideal, daß das Helle, Freundliche bei weitem überwog. Unser großer Garten, der Fluß und die Wälder bildeten großartige Voraussetzungen für die phantasiereichen Spiele der Schar von Kameraden und Freunden, mit denen ich aufwuchs. Im Gegensatz zu vielen Schulkollegen, die zu Hause schon mitarbeiten mußten, war ich ganz frei; die Hausaufgaben erledigte ich unterwegs im Zug zwischen Königsbronn und Heidenheim und in der verbleibenden halben Stunde im „Fremdenzimmer" der Schule, in dem sich die auswärtigen Schüler zwischen Ankunft des Zuges und Beginn des Unterrichts aufzuhalten hatten.

Was aber meine Jugend am stärksten positiv prägte, war der Umgang mit der Familie meines Freundes Werner Knapp. Sein Vater, der Oberbergrat Knapp, war Leiter des Königsbronner Eisenwerks. In unserem Ort war die Bevölkerung damals fast hierarchisch gegliedert, und als „erste Familie" galt unangefochten jene meines Freundes. Sie wohnte im nobelsten Haus des Ortes, verkehrte mit den angesehensten Familien des Landes, und ich lernte in dieser Familie jenes eigenartige Etwas kennen, das man Kultur nennt. Alles bei den Knapps war irgendwie anders als bei den übrigen Bürgerfamilien, etwa der des Arztes oder irgendeines anderen Akademikers im Ort. Die Wohnung in dem schönen Haus mit dem gepflegten Garten war einfach, aber mit erlesenem Geschmack eingerichtet. Der Oberbergrat war ein musisch veranlagter, hochgebildeter Mann, der so aussah, wie wir Buben uns einen Minister vorstellten, und der ja auch mit Ministern Umgang hatte. Die Knapps lebten zwar schlicht, führten aber ein großes Haus. Die Gäste kamen fast alle von auswärts angefahren und waren vorwiegend Künstler oder andere bedeutende Persönlichkeiten. Ich erinnere mich noch gut daran, einmal den späteren Bundespräsidenten Heuss, damals schon Professor und bedeutender Journalist, bei den Knapps angetroffen zu haben. Seine Frau war eine geborene Knapp, und so war er mit der Familie meines Freundes weitläufig verwandt.

Während der Oberbergrat von uns Buben mehr aus der Distanz bewundert wurde, war Frau Knapp, klein und lebhaft, eine Mutter, die viel und voller Phantasie mit uns Kindern zu spielen verstand. Mein Freund hatte eine große, zwei Zimmer in Anspruch nehmende Eisenbahnanlage, mit der wir uns die ganzen Weihnachtsferien hindurch zu beschäftigen pflegten. Wenn Frau Knapp mittat, brachte sie so herrliche Ideen in das Spiel, daß wir immer fasziniert waren und wieder für viele Tage Anregungen der schönsten Art hatten.

An Festtagen, zum Beispiel zu Weihnachten, waren die Tische nie überladen, aber der Gabentisch zeugte immer von Kunstsinn. Mein Freund Werner schenkte reizende Scherenschnitte, sein Bruder Bernhard bastelte selbstbemalte Kalender, die Schwester Annaliese nähte für jeden etwas Besonderes; kurzum, es gab selten Gekauftes auf dem Gabentisch, sondern speziell ausgedachte Geschenke, an denen schon monatelang vorher gearbeitet worden war. Als besonders schön habe ich noch ein Bahnhofsgebäude in Erinnerung, das der Oberbergrat selbst angefertigt hatte. Es war ein kleines Kunstwerk mit richtigen Fenstern und Türen, mit einer Schalterhalle und einer eigenen Wohnung für den Vorstand im ersten Stock.

Obwohl die Knapps als sehr vermögend galten, wurden die drei Kinder äußerst einfach erzogen. Ich entsinne mich, daß die zwei Buben die ganze warme Jahreszeit hindurch dieselben ledernen Tirolerhosen trugen und der jüngere Bernhard sich oft ein wenig genierte, weil er immer die Lederhosen Werners auftragen mußte, wenn sie diesem zu klein geworden waren. Aber hinsichtlich Anregungen und Bildungsmöglichkeiten vielfältigster Art fehlte es den Kindern an nichts. Es wurde Theater gespielt, musiziert, gemeinsame Lesungen wurden veranstaltet, kurz, ich lernte dort ein Familienleben kennen, wie es zu Hause nicht existierte. Nur eines fehlte auch bei den Knapps: Sie lebten – zumindest nach außen – ohne religiöse Praxis. Wie alle Leute im Ort waren sie evangelisch, erschienen aber nur ganz selten in der Kirche, höchstens an den Feiertagen, und verkehrten auch nicht mit dem etwas biederen Pfarrer. Als ich schon die Maturaklasse besuchte, wurde einmal in einer kleinen Gesellschaft der Brief eines Onkels von Frau Knapp vorgelesen. Dieser Onkel war von Geburt an blind, hatte aber dennoch an der Universität Heidelberg studiert, dort auch ein Doktorat erworben; er erwies sich als überaus geistreicher Mann, der oft eine ganze Gesellschaft unterhielt. Er hatte in besagtem Brief eine abfällige, jedoch originelle Bemerkung über den christlichen Gottesglauben gemacht, so daß diese Passage eigens zitiert wurde. Als man bemerkte, daß wir jungen Leute zuhörten, versuchte man schnell eine andere Auslegung des Inhalts. Aber gerade deshalb prägte sich mir das Vorkommnis ein. Es kam mir in späteren Jahren oft in den Sinn und verdeutlichte mir die Einstellung dieser hochgebildeten und von mir so geliebten Familie zur Religion. Jahrzehnte später, als ich meinen Freund Werner unter völlig veränderten Verhältnissen in Österreich wieder traf, sollten diese Erinnerungen noch eine andere Bedeutung für mich bekommen.

Die Knapps übersiedelten schließlich in das etwa fünfzehn Kilometer entfernte Wasseralfingen. Der Oberbergrat wurde dort Generaldirektor der Schwäbischen Hüttenwerke. Sie wohnten in einem eigenen Haus nahe dem großen Unternehmen, und ihr gesellschaftliches Leben nahm einen noch größeren Umfang an, bis die Ereignisse des ersten Weltkrieges alles veränderten. Es war für mich eine schmerzliche Trennung, aber die Verbindung blieb noch aufrecht bis zu meiner Übersiedlung nach Österreich.

In ganz konträrer Weise beeinflußte die Familie meines Onkels Karl, eines jüngeren Bruders meines Vaters, meine Jugend. Er war ebenfalls aus der Reihe der Hammerschmiede ausgebrochen, hatte eine Bauerntochter geheiratet und war selbst Bauer geworden. Sein Hof, der „Stürzel“, lag oberhalb des Dorfes auf einer weiten Fläche inmitten der Wälder. Diesen Onkel Karl traf manch bitteres Unglück. Noch vor seiner Verheiratung hatte er bei einem Arbeitsunfall ein Auge verloren. Er bekam damals kein Glasauge, trug auch keine Binde, so daß die rote, leere Augenhöhle offenlag und ihm ein etwas unheimliches Aussehen verlieh. Nachdem er in der Schule durch seine Begabung – ähnlich wie mein Vater – aufgefallen war, fühlte er sich als Bauer recht unglücklich und wurde nun durch seine Entstellung ein scheuer Mensch, der sich ungern den Leuten zeigte. Zu seiner Menschenscheu trug aber noch mehr ein Unglück ganz besonderer Art bei: Der erste Sohn, den ihm seine Frau gebar, konnte, als er ein Jahr alt war, noch nicht laufen. Das war zunächst nicht weiter verwunderlich. Ein zweiter Bub kam bald darauf zur Welt, und der erste machte noch immer keine Anstalten zu gehen. Bauern suchen nur in Notfällen den Doktor auf, besonders dann, wenn sie auf einem abgelegenen Hof leben und die Arbeit immer drängt. So kam es, daß man erst nach Jahren eine Krankheit als Ursache vermutete und schließlich erfuhr, daß vier Buben an einem erblich bedingten Rückenmarksleiden erkrankt waren und daher nie gehen können würden. Inzwischen waren auch zwei gesunde Kinder geboren worden, ein kräftiger Leonhard und eine Grete; aber vier Söhne waren Krüppel, sie konnten nur auf dem Boden rutschen und wackelten immer ein wenig mit den Köpfen. Sie waren natürlich nie in der Lage, eine Schule zu besuchen, blieben geistig ganz zurück und boten, wenn sie miteinander in der Stube herumhockten, einen erschreckenden Anblick. Wie man mir erzählte, wurden sie einmal in der Universitätsklinik Tübingen untersucht, aber ihre Krankheit war, zumindest damals, unheilbar.

Als ich gegen Ende des zweiten Weltkrieges einmal auf den „Stürzel" kam, waren die „Buben" noch am Leben. Inzwischen Männer geworden, saßen sie, jetzt mit Vollbärten, immer noch im gleichen hilflosen Zustand auf dem Hof herum. Mein Onkel Karl erzählte mir, daß man sie hatte abholen und in eine Anstalt bringen wollen. Er war vor Entrüstung außer sich gewesen, hatte voller Verachtung ausgespuckt und wäre lieber gestorben, als daß er seine Kinder hergegeben hätte. Es war jene Zeit, in der man „unwertes Leben" tötete, und jedermann hatte gewußt, daß die vier Männer aus einer „Anstalt“ nie mehr zurückgekommen wären. Ohne Zweifel hatte man nicht gewagt, die „Buben“ mit Gewalt zu holen, weil sie weithin in der Bevölkerung bekannt waren. Die Standhaftigkeit meines Onkels beeindruckte mich tief: ein Mann, der sein ganzes Leben lang durch diese kranken Kinder eine schwere Last getragen hatte, riskierte nun für sie sogar das KZ!

Das Unglück verließ die Familie nicht. Mein Onkel wurde von einem Stier, den er von der Weide zum Stall führen wollte, gestoßen und starb einige Tagen danach an – wie es hieß – „Schmerzen in der Brust“. Der gesunde Leonhard, mit dem ich so oft ins Holz gefahren war, und der mir immer wieder gesagt hatte, er vertrete den Grundsatz: „Man lebt nur einmal – aber flott“, fiel vom Heuboden auf die Tenne und starb bald darauf.

Nachkommen meines Onkels leben noch heute auf dem „Stürzel“, der zu den dunkelsten Eindrücken meiner Jugend zählt.

5. Erste Berufsjahre

Nach dem Tod des Vaters lebte ich mit meiner Mutter und meiner Schwester Maria weiter im Königsbronner Haus. Es kam eine überaus harte Zeit. Durch die einsetzende Inflation schmolz das Vermögen immer mehr zusammen, bis wir schließlich gänzlich verarmten und meine Mutter gezwungen war, das Haus zu verkaufen. Nur das Wohnrecht im zweiten Stock verblieb ihr. Aber auch der Erlös aus dem Verkauf war rasch verbraucht, weil die Geldentwertung schließlich enorme Ausmaße annahm. Wir lebten bald nur mehr von bescheidenen Zuwendungen der drei anderen Schwestern, die in Stuttgart kleine Stellungen innehatten und selbst kaum genug verdienten, um leben zu können. Ich erinnere mich noch, daß die Anschaffung größerer Schuhe für mich jedesmal zu einem Problem für die ganze Familie wurde. Das Auftreiben der Lebensmittel, das Betteln bei den Bauern um ein paar Eier nahm fast die ganze Zeit meiner Schwester in Anspruch. Auch Brot hatten wir viel zuwenig, und man backte auf Küchenblechen aus einem Kartoffelteig dünnen, runden Brotersatz, der mit einer roten Marmelade aus Rüben bestrichen wurde, damit er halbwegs genießbar war.
Dazu kamen noch andere Sorgen: Einige Monate vor der Matura erkrankte ich an einer schweren Grippe, die sich wochenlang nicht bessern wollte. Das war schlimm, weil es meinen Schulabschluß in Frage stellte, denn ich war viel zu erschöpft, um mich vorzubereiten. Das Hauptübel war, daß ich infolge der Unterernährung überaus geschwächt war. Meinen Mitschülern ging es in dieser Hinsicht viel besser, weil sie alle Väter hatten, die verdienten und ihren Familien Lebensmittel auf dem Schwarzmarkt kauften, der damals in höchster Blüte stand. Schließlich konnte ich doch zur Prüfung antreten und hatte dann das Reifezeugnis in der Tasche. Aber nun kam erst die größte Schwierigkeit. Mit wenigen Ausnahmen begannen meine Klassenkameraden ein Studium an der Universität Tübingen oder an der Technischen Hochschule in Stuttgart. Einige wenige Fabrikantensöhne traten

in die Betriebe ihrer Väter ein. Ich selbst blieb etwas ratlos zurück, weil an ein Studium nicht zu denken war. Ich konnte nur versuchen, mich um eine Lehrlingsstelle in einer der zahlreichen Fabriken in Heidenheim umzusehen. Aber auch das war damals nicht leicht. Zwar war Heidenheim eine Industriestadt, aber zur Erlangung einer guten Lehrstelle waren Beziehungen nötig, die meine arme Mutter nicht hatte. Außerdem war Heidenheim damals eine Hochburg der Theosophie. Von deren Bedeutung hatte ich damals keine Ahnung; später klärte mich ein Kollege auf, daß die meisten Direktoren und leitenden Angestellten Anhänger Rudolf Steiners waren und ein Fortkommen in der Industrie ohne diese Weltanschauung fast undenkbar sei. Tatsächlich erlebte ich bald darauf den triumphalen Einzug Steiners in Heidenheim; ein riesiger Konvoi von Autos begleiteten ihn.

Empfand ich auch gegen eine kaufmännische Lehre tiefe Abneigung, so mußte ich dennoch einsehen, daß es keine andere Möglichkeit gab, und schließlich dankbar die Gelegenheit ergreifen, in der Verbandstoffabrik Hartmann als Lehrling einzutreten. Ich wurde angenommen, weil der Vater eines ehemaligen Mitschülers dort Direktor war. Während also die meisten meiner Mitschüler ein Studium ihres Interesses beginnen konnten, war es für mich hart, ja fast unerträglich, in ein ganz fremdartiges, ungeliebtes Milieu einzusteigen. Ich war gesundheitlich noch immer recht labil, und der neue Dienst als Lehrling war viel anstrengender als heute. Täglich mußte ich um halb sechs Uhr früh aufstehen, dann folgte die Zugfahrt nach Heidenheim, anschließend ein Fußweg von fast einer halben Stunde, weil die Fabrik außerhalb der Stadt lag. So kam ich oft, besonders im Winter, schon ermüdet im Büro an und konnte erst mit einem Zug um 18 Uhr wieder heimfahren, also unter Berücksichtigung der Wegzeiten erst gegen 19 Uhr zu Hause sein. Die Sorge meiner Familie war, wie ich diese Belastung bei meiner geschwächten Gesundheit aushalten würde. Diese Angst erwies sich als berechtigt. Schon nach sechs Monaten erkrankte ich an einem sogenannten Lungenspitzenkatarrh – das war nichts anderes als beginnende Tuberkulose. Ich mußte sechs Wochen beruflich aussetzen. Unser Hausarzt bekam bald einen Brief aus Heidenheim mit dem Ersuchen, der Fabrik mitzuteilen, was mir fehle. Ich wußte, daß die Antwort eine Auflösung des Lehrvertrages nach sich ziehen hätte können. Das wäre für mich, ja für die ganze Familie sehr schlimm gewesen, denn wie hätte ich eine neue Lehrstelle finden sollen in einer Stadt, in der alle Unternehmer einander kannten und niemand einen kränklichen Lehrling haben wollte? Aber unser Arzt gab eine diplomatische Auskunft. Ich konnte in meiner Stellung bleiben, und schweren Herzens machte ich weiter, nachdem ich wieder halbwegs arbeitsfähig war.

Ich mußte alle Abteilungen durchlaufen und sammelte viele Erfahrungen in diesem Metier. Einen Tiefpunkt stellte für mich die Versetzung in die Auftragsabteilung dar. Dort hatte ich eine einfache, eher mechanische Korrespondenz zu erledigen. Einmal sollte ich eine Sendung von einer Papierfabrik in Sachsen über einen Spediteur an ein Krankenhaus dirigieren. Der Spediteur mußte genaue Instruktionen erhalten, besonders auch die, daß die Ballen neutral, d.h. mit unserer Fabrik als Absender, abzuliefern seien. Man schrieb da: „Nach Entfernung der Ursprungszeichen als von uns kommend." Ein Blick in die entsprechende Korrespondenzmappe hätte mir leicht Aufschluß geben können. Leider kam ich nicht auf diesen Gedanken. Ich brütete über einem eigenen Text, brauchte viel zu lange, und als ich meinen Entwurf endlich dem Abteilungsleiter ablieferte, schüttelte dieser mitleidig den Kopf und sagte: „Sie werden nie ein Kaufmann." Für mich, der ich selbst kein Vertrauen in meine kaufmännischen Fähigkeiten hatte, war das deprimierend! Auch das schlechte Deutsch, „als von uns kommend", ließ mir den ungeliebten Beruf noch banaler erscheinen als bisher schon. Kurz, ich war tief unglücklich bei dem Gedanken, in dieser Atmosphäre ein Leben lang ausharren zu sollen.
Dazu kam noch, daß ein sehr gebildeter Direktor, nach dem Generaldirektor der einflußreichste Mann, mir bei irgendeiner Gelegenheit sagte: „Was wollen Sie denn? Maßgebend ist einzig und allein der Erfolg des Unternehmens – die Bilanz, das Ergebnis." Das war gewiß richtig, und dieser kluge Mann war sicher kein Materialist; er hatte damit auch keineswegs sein Berufsethos formuliert, sondern in der Debatte eben einen Aspekt

des Geschäftslebens überspitzt herausgestellt, neben dem er – wie ich in späteren Jahren erfaßte – noch viele andere, höhere Gesichtspunkte anerkannte. Aber für mich, der ich noch kaum kaufmännische Erfahrung hatte, vergrößerten solche Worte nur die Abneigung. So kam es, daß ich mich immer unglücklicher fühlte. Den Tiefpunkt erlebte ich eines Tages im Frühjahr. In der Arbeitspause zwischen 9 Uhr und 9.15 Uhr verzehrte ich mein tägliches Brot – die Hungersnot nahm immer noch zu – auf einer Bank im Fabriksgelände. Vor mir floß die Brenz, ein mißfarbenes, braunes Gewässer – meine geliebte Brenz, die in Königsbronn noch kristallklares Wasser führte! Im Hintergrund der Fabrik begann der Wald und blühten die Bäume. Ich hatte den Eindruck, in der Fabrik eingesperrt zu sein – in einem Gefängnis, dem ich nun mein Leben lang nicht mehr entrinnen können würde. Ich war so deprimiert, daß ich dachte, um wieviel besser es doch wäre, mich in den Fluß zu stürzen und damit diesem sinnlosen Zustand ein Ende zu setzen. Es war eine ernste Krise. Ich wollte aufgeben. Wenn ich damals vor dem Selbstmord zurückschreckte, so waren moralische Bedenken jedenfalls nicht die Ursache; es war einfach der Selbsterhaltungstrieb, der mich letztlich bewog durchzuhalten.

Eine gewisse Erleichterung empfand ich, als man mich im letzten Vierteljahr meiner zweijährigen Lehrzeit in die Exportabteilung versetzte. Ich bekam einige Länder zur Bearbeitung zugeteilt, darunter die Schweiz, Litauen und Estland. Das war ein äußerer Wendepunkt. Ich gewann meiner Tätigkeit erstmals ein gewisses Interesse ab, bekam etwas Selbstvertrauen und hatte den Eindruck, nicht völlig unbegabt für diesen Beruf zu sein. Auch fand ich die Kollegen in dieser Abteilung netter und kam darauf, daß sie doch hinter ihren scheinbar ausschließlichen Berufsinteressen noch andere, zunächst verborgene Neigungen hatten. Freilich, religiös war keiner, aber das störte mich am wenigsten, weil ich ja selbst allen Glauben längst verloren hatte. Die leitenden Prokuristen und Direktoren waren auch ungläubig, dem Taufschein nach alle evangelisch. Nur ein sehr distinguierter Direktor der Buchhaltung galt als überzeugter Christ, war sogar im Kirchenrat, verlor aber im Beruf nie ein Wort über Religion.

6. Abschied von der Heimat – Neues Leben in Österreich

Der Chef der Exportabteilung war zwar Schwabe wie ich, sah aber aus wie ein Spanier: Er hatte eine dunkle Hautfarbe und war von einem vitalen Temperament, das ich bewunderte. Im ersten Weltkrieg war er jahrelang im Feld gewesen und hatte unglaubliche Strapazen überstanden. Vor dem Krieg hatte er einige Jahre in Spanien gelebt. Er schrieb und sprach fließend Spanisch und war deshalb auch Leiter der Exportabteilung geworden, weil das Unternehmen in Spanien eine Filialfabrik unterhielt und es daher viel spanische Korrespondenz gab. Dieser Chef imponierte uns jungen Leuten durch sein Aussehen und sein weltmännisches Auftreten, führte aber, wie ich später erkennen mußte, einen sehr unmoralischen Lebenswandel. Er war – vielleicht deswegen – bei dem stellvertretenden Generaldirektor, einem außergewöhnlich begabten Menschen und der eigentlichen Seele der großen Firma, nicht gut angeschrieben. Wir Angestellten im Export wußten das aus täglichen Erfahrungen, weil es zwischen den beiden Herren oft Auseinandersetzungen gab. Diese Situation empfanden wir alle als unhaltbar, und tatsächlich wurde eines Tages bekannt, unser Chef würde nach Österreich versetzt, um in Innsbruck eine Filialfabrik aufzubauen. Ehe er sich verabschiedete, nahm er mich noch beiseite und sagte, er werde dort wohl bald Unterstützung brauchen und mich dafür zu gegebener Zeit vorschlagen.

Die wirtschaftlichen Verhältnisse in Deutschland wurden zu jener Zeit von Monat zu Monat schlechter. Die Mark stürzte ins Bodenlose, und unsere bescheidenen Gehälter erreichten Milliardenhöhe. Wenn man die Banknoten nicht gleich nach Gehaltsempfang in Lebensmittel oder Sachwerte umsetzte, hatte man schon zur Monatsmitte praktisch nichts mehr in der Hand. Kollegen bekamen oft von ausländischen Verwandten Dollarnoten oder holländische Gulden geschickt. Mit solchen Devisen entwickelte sich innerhalb des Büros eine Art Börse. Ich erinnere mich, daß ich mich einmal mit fünf Dollar und einigen holländischen Gulden, die ich zusammengekauft hatte, schon wohlhabend wähnte. In jener Zeit geschah es auch, daß ein junger Spanier aus der spanischen Filialfabrik in unsere Abteilung versetzt wurde. Er erregte in Heidenheim und bei uns allen Aufsehen, weil er auf großem Fuße lebte, aufwendige Anschaffungen tätigte und für uns Kollegen kleine Feste gab, bei denen er uns aufs großzügigste bewirtete. Der elegante, junge Ausländer war Mittelpunkt jeder Gesellschaft, und wir alle hielten ihn für märchenhaft reich.

Später, als die deutsche Währung saniert wurde und der Spanier wieder nach Barcelona zurückgekehrt war, erfuhren wir aus zuverlässiger Quelle, daß er aus bescheidenen Verhältnissen stammte und während seiner Lehrzeit in Heidenheim nur hundert spanische Peseten monatlich als Zuschuß von zu Hause bekommen hatte. Durch überlegtes Einwechseln seiner Peseten hatte er so pompös bei uns auftreten können!

Ab und zu kamen Briefe aus Innsbruck von unserem früheren Exportleiter, in denen er berichtete, wie herrlich es ihm in Österreich gehe und wie die Kriegsfolgen dort schon ganz überwunden seien. Von einer erforderlichen Hilfskraft war aber in seinen Briefen nie die Rede, so daß ich gar nicht mehr mit einer Versetzung rechnete. Statt dessen wurde ich eines Tages zum Personalchef gerufen, der mich zu meinem größten Erstaunen fragte, ob ich mit einer Versetzung in die Filiale Hamburg einverstanden sei. Ich erbat mir Bedenkzeit und erinnerte mich sogleich wieder an die Aussicht auf Österreich, die zwar ganz vage, aber eben doch sehr verlockend war. Auch hatte ich zu berücksichtigen, daß ich in Hamburg ganz fremd war und sicherlich dort noch mehr würde hungern müssen als zu Hause, wo meine Schwester „hamstern“ ging und wenigstens ab und zu etwas Eßbares heimbrachte. Ich lehnte also nach ein paar Tagen ab, was mir der Personalchef deutlich übel nahm, worauf ich meine Ablehnung mit der großen Entfernung der mir angebotenen Arbeitsstätte vom Wohnort meiner alten Mutter zu begründen versuchte.

Wenige Wochen darauf wurde ich abermals überraschend zum Personalchef gerufen. Er hielt einen Brief unseres Generaldirektors, der gerade in Innsbruck weilte, in den Händen, durch welchen er beauftragt wurde, mich zu fragen, ob ich eine Versetzung nach Innsbruck annehmen würde. Als ich sofort mit „Ja" antwortete, machte der Personalchef ein spitzes Gesicht und fragte mich, offenkundig noch immer verärgert, ob ich jetzt keine Rücksicht mehr auf meine Mutter zu nehmen habe. Da ich wußte, daß er gegen den Wunsch des Generaldirektors nichts ausrichten konnte, antwortete ich kurz und bündig, daß Innsbruck zwar im Ausland sei, mir aber näher liege als Hamburg, und daß ich daher das Angebot annehme. Von dem heimlichen Versprechen des ehemaligen Exportchefs, der jetzt in Innsbruck Prokurist war, durfte er natürlich nichts wissen.

Zu Hause im Dorf war die Nachricht von meiner bevorstehenden Versetzung eine Riesenüberraschung. Meine Mutter und meine Schwestern waren froh über diese Aussicht, und alle Freunde gratulierten mir. Oft waren ja solche Versetzungen nur für ein paar Jahre gültig. Das dachte auch meine Familie, und ich selbst war ebenfalls nicht frei von Gedanken an eine spätere Rückkehr. Aber Österreich sollte meine Heimat werden! An einem strahlenden Herbsttag reiste ich ab: das Herz voller unbestimmter Hoffnungen auf das, was sich nun vor mir auftat.

Ich war ein hochgewachsener, blasser junger Mann vom Lande, erfüllt von einer heißen Lebenserwartung, aber ohne jede Lebenserfahrung. Die Jahre nach dem Weltkrieg hatten nur aus Hunger, Entbehrungen, Sorgen und Arbeit bestanden, und ich hatte das Gefühl, nun in eine traumhafte Freiheit zu fahren. Im Gepäcksraum befand sich ein großer Schiffskoffer meines Vaters, angefüllt mit vielen warmen Sachen, die meine Mutter gestrickt hatte, die sich aber sehr bald als unbrauchbar erweisen sollten. Ich war bisher kaum aus Königsbronn herausgekommen. Je mehr sich der Zug der bayerischen Grenze näherte, desto gespannter hingen meine Augen an der veränderten Landschaft und an den in der Ferne im Abendlicht auftauchenden Bergen. Meine größte Erwartung knüpfte sich an die Martinswand bei Innsbruck, von der ich gelesen und die sich meine Phantasie als besonders imposant ausgemalt hatte.

Der Zug ging über Mittenwald, und bald zeigte mir der Schaffner denn auch die Martinswand, die ich mit den Blicken verschlang, deren Kleinheit gegenüber dem mächtigen Karwendelgebirge mich jedoch fast ein wenig enttäuschte. Aber als der Zug schließlich in Innsbruck einfuhr, wurden meine hochgespannten Erwartungen noch weit übertroffen! Die Nordkette lag in der schönsten Abendsonne da. Wohin ich blickte, ragten hohe Berge auf – ich war überwältigt! Albrecht, der Filialleiter, holte mich am Bahnhof ab und brachte mich gleich in den Gasthof „Hellensteiner", wo ich ein paar Tage wohnen sollte, bis ich ein Zimmer gefunden hätte. Im Garten des „Hellensteiner" bot sich ein Anblick, wie ich ihn noch nie gesehen hatte: Ein großer Gastgarten unter alten Kastanien, hell erleuchtet, darin eine Gesellschaft fröhlicher Menschen, offensichtlich beim Abendessen. Kellnerinnen liefen mit Bierkrügen und voll beladenen Tabletts hin und her – ich war buchstäblich sprachlos. Mein Erstaunen wurde noch größer, als mir Albrecht eine große Speisekarte reichte, mir begreiflich machte, daß ich alle Köstlichkeiten ohne Lebensmittelkarte bestellen könne, und mich aufforderte, kräftig zuzugreifen. Ich glaubte zu träumen, so neu war dies alles für mich, so unfaßbar, daß ich nun in dieser Fülle leben sollte. Schon der Umstand, daß man hier in Tirol an einem Herbsttag noch im Freien sitzen konnte, war beglückend, denn in meiner Heimat auf der Alb war das bestenfalls ein paarmal im Jahr an besonders warmen Sommerabenden möglich. Innsbruck wirkte auf mich wie die Verheißung eines freien, fröhlichen Lebens, schon ein wenig wie der Süden. Während der ersten Tage war ich wie verzaubert. Allein der Weg ins Büro mit den vielen Ausblicken auf die nahen Berge war ein Erlebnis.

Gleich am ersten Morgen kam ich an einem kleinen Geschäft vorbei: Im Schaufenster stand ein Korb, angefüllt mit Eiern. Recht schüchtern noch ging ich hinein, um zu fragen, ob ich ein paar Eier kaufen könne. Erstaunt antwortete die Frau, ich könne den ganzen Korb haben, soviel ich eben wolle. Ich war sprachlos und dachte an meine Mutter und meine Schwester in Königsbronn und daran, daß wir oft nur ein Ei zu dritt hatten und es in die Suppe schlugen, damit jeder einen Anteil daran hätte. Im Büro erklärte mir der Expedient, er könne mir hundert Eier ohne Schwierigkeiten so verpacken, daß sie unbeschädigt in Königsbronn ankämen. So kaufte ich denn sogleich in der Mittagspause bei der Frau hundert Eier. Sie wurden in Holzwolle verpackt und an meine Mutter geschickt als erster Gruß aus der neuen Heimat. Es kam bald ein Brief zurück, daß alles gut angekommen sei, daß nicht ein Ei zerbrochen war, und daß auch sie angesichts einer solchen Menge von Eiern geglaubt hatten zu träumen. Was mich an diesen ersten Tagen der Besitznahme von der Wahlheimat auch besonders beglückte, waren die Mengen blauer Weintrauben aus Südtirol, die es überall zu kaufen gab. Ich hatte nie etwas Derartiges und noch dazu in solcher Fülle gesehen und lief in der Stadt herum wie Hans im Glück, so als erlebte ich ein Märchen. Das Leben lag vor mir wie eine goldene Straße, hinter mir lag mein früheres Dasein wie ein schwerer Traum von Arbeit und Entbehrung.

Unter solchen Umständen erschien mir auch mein bisher ungeliebter Beruf begreiflicherweise in einem anderen Licht. Zwar gab es in der kleinen Neugründung sehr viel Arbeit. Aber sie war abwechslungsreich, ganz anders als in dem großen Betrieb in Heidenheim. Manchmal erforderten es die Umstände, daß wir auch nach dem Abendessen nochmals ins Büro mußten, aber selbst das tat ich jetzt gerne. Meine labile Gesundheit besserte sich durch das reichliche Essen zusehends, ich wurde kräftiger und widerstandsfähiger und war nun der neuen Aufgabe auch körperlich gewachsen.

Diese Aufgabe war groß. Die österreichische Konkurrenz in Wien versuchte natürlich, den Brückenkopf in Tirol an der Ausdehnung in Österreich zu hindern, und wir hatten deshalb anfangs schwer zu kämpfen. Aber mir persönlich erschien das gewandelte Leben so schön, daß ich ganz ungeahnte Kräfte entwickelte und mir keine Arbeit zuviel wurde. Innsbruck war damals noch keine Touristenstadt. Es hatte noch etwas von einer verträumten, kleinen Gebirgsstadt, und besonders im Winter traf man auf Skitouren immer Freunde und Bekannte. Ich entdeckte die Freuden des Skifahrens im Hochgebirge, am Arlberg, in den Ötztaler Alpen. Im Sommer machten wir Touren im Karwendel und in der ganzen herrlichen Bergwelt Tirols. Wir fuhren Faltboot auf dem Inn und gingen in den Seen der Umgebung schwimmen. Für jedes Wochenende wurden Pläne geschmiedet und mit Freunden verabredet. Es war, als wollte ich alles nachholen, was ich in meinem bisherigen Leben in Königsbronn versäumt hatte. Freilich hielt die Hochstimmung der ersten Monate nicht die ganze Zeit hindurch an, die ich in Tirol verbrachte. Die Realität des Alltags kam allmählich zu ihrem Recht. Aber im großen und ganzen waren die acht Innsbrucker Jahre ein Abschnitt unbekümmerter Lebensfreude, des Entdeckerglücks und eines neuen Lebensgefühls; Jahre, die in die Breite, aber nicht in die Tiefe gingen.

Die Tiroler Menschen waren damals Fremden gegenüber sehr zurückhaltend, ganz anders als die Wiener, die ich später kennenlernte. Aber durch die vielen Sportarten, die ich betrieb, hatte ich bald auch Einheimische zu Freunden und verkehrte in Tiroler Familien. Obwohl Tirol ein ganz katholisches Land war, gab es jedoch nie weltanschauliche Gespräche, und ich merkte in der Lebensführung der Einheimischen keinen Unterschied gegenüber den protestantischen Menschen meiner Heimat. Das mag an mir selber gelegen sein, weil ich nur suchte, was mich subjektiv befriedigte, und blind war für wahre Werte.[2] Erst gegen Ende meines Aufenthaltes in Innsbruck übersiedelte ich durch Zufall zu einer Familie, bei der ich mit einem Konflikt religiöser Art in Berührung kam. Die Frau vertraute mir schon bald an, daß ihr Mann zwar nach außen hin streng katholisch sei und täglich die Messe besuche, dennoch aber im Stadtteil Saggen eine Geliebte habe, bei der er sich viel aufhalte. Er sei deshalb nur selten zu Hause. Sie selbst und die Kinder, 16 und 18 Jahre alt, seien völlig unreligiös und litten unter der heuchlerischen Lebensweise ihres Mannes. An dem Mann, einem Beamten, der sich frühzeitig hatte pensionieren lassen, fiel mir nichts Besonderes auf, nur war er tatsächlich wenig zu Hause und erweckte, wenn er da war, den

Eindruck, daß er seinerseits unter seiner Familie leide. Ich ergriff innerlich ganz gegen den Ehemann Partei und fand hier nur einmal mehr mein Urteil gegen die katholische Kirche bestätigt, das ich von daheim mitgebracht hatte ... Jahre später, als ich schon selbst Katholik geworden war, versuchte ich, mit dem Mann wieder Kontakt aufzunehmen. Die Familie war aber inzwischen verzogen, und ich konnte nicht mehr in Erfahrung bringen, ob er wirklich eine Geliebte hatte oder ob das eine Verleumdung seiner Frau war, die damit ihre eigene, recht weltliche Lebensweise rechtfertigen wollte.

An einen zweiten praktizierenden Katholiken, mit dem ich fast befreundet war, erinnere ich mich viel deutlicher. Es handelte sich um einen Kartonagenlieferanten, mit dem unsere heranwachsende Fabrik in enger Geschäftsverbindung stand. Er war ein lebensfroher Mensch, Mitglied verschiedener katholischer Verbände und ein passionierter Sportfischer. Er lud mich manchmal ein, in seinem Gebirgswasser am Brennerpaß mit ihm zu fischen, und so hatten wir uns trotz eines erheblichen Altersunterschiedes angefreundet. Auch in seine Familie wurde ich eingeladen. Zu meinem Erstaunen waren die Frau und die Tochter von ganz anderer Art als der Mann. Sie machten einen eher strengen und mir gegenüber zurückhaltenden Eindruck, und ich erfuhr von meinem Freund gelegentlich, daß Frau und Tochter die katholische Religion sehr ernst nähmen und sich gegen mich, den Protestanten, aus diesem Grunde so reserviert verhielten. Er selbst denke da anders, und ich solle den Frauen ihre Haltung nicht weiter verübeln.

Nun, auch diesen Freund besuchte ich nach Jahren von Wien aus, als ich katholisch geworden war, wurde wiederum in seine Familie eingeladen und erfuhr dabei ebenfalls von einem Familienkonflikt, allerdings ganz anderer Art als bei jener Familie, wo ich gewohnt hatte. Voll Freude teilte ich meinem ehemaligen Sportfischer mit, daß ich zur katholischen Kirche übergetreten sei. Wir gerieten in ein intensives Gespräch, und ich hörte, daß er noch immer jeden Tag in die Kirche in der Maria-Theresien-Straße zur 8-Uhr-Messe gehe. Aber im weiteren Verlauf des

Gesprächs wurde er immer einsilbiger. Schließlich konnte er sein Erstaunen darüber nicht verbergen, daß ich die katholische Glaubenslehre für wahr halte und deshalb zur Kirche seiner Väter übergetreten sei. Nun war das Erstaunen ganz meinerseits, und zwar ein noch viel größeres. Ich war geradezu fassungslos und fragte ihn, warum er denn dann täglich in die Messe gehe. Er antwortete: „Das tue ich nur, um dem Volk ein gutes Beispiel zu geben. Das Volk braucht ja die Religion, und deshalb zeige ich mich jeden Tag in der Kirche. Aber diese Dinge für wahr zu halten, daran habe ich noch nie gedacht." Als ich später bei ihm zu Hause mit seiner Frau und seiner Tochter zu Tische saß, ergab sich ein ganz umgekehrtes Verhältnis zu früher: Die beiden Frauen zeigten keine Spur von Zurückhaltung. Sie waren hocherfreut über meine unerwartete Konversion und voller Hoffnung, daß auch ihr Mann bzw. Vater noch zum Glauben finden würde.

Mit diesen Abschweifungen bin ich nun weit vorausgeeilt. Ich habe jedoch diese beiden Begegnungen deshalb erwähnt, weil ich in meinen Innsbrucker Jahren trotz vieler Freunde und Bekannten nie etwas erlebt habe, was mir bewußt gemacht hätte, mich in einem katholischen Lande zu befinden. Erst im Frühjahr 1929, als ich schon fast sechs Jahre lang in Tirol war, traf mich ein Ereignis, das meinem Leben eine ganz andere und die von mir am wenigsten erwartete Richtung geben sollte. Es brach über mich herein, vergleichbar einem Erdbeben, das eine Landschaft erschüttert. Und es erwies sich als der in mir fortwirkende Anstoß zu allen tiefgreifenden Änderungen, die mich zu einem neuen Menschen machen sollten.

7. Erlebnisse in der Narkose

Die Fabrik hatte in dieser Zeit einen zufriedenstellenden Aufschwung genommen; die österreichische Konkurrenz in Wien hatte sich mit der Existenz des neuen Unternehmens abgefunden und die Zusammenarbeit mit uns gesucht. Der erwähnte Filialdirektor, welcher dem Generaldirektor meine Versetzung nach Innsbruck empfohlen hatte, war wegen eines schweren Konfliktes mit dem österreichischen Gesellschafter zurückgetreten. So war ich an seine Stelle gerückt und der Vertrauensmann des deutschen Stammhauses in dem österreichischen Unternehmen geworden. Nachdem ich mich in Österreich so gut eingewöhnt hatte, schien mein Lebensweg vorgezeichnet, zumal ich gerne in Tirol lebte und keinerlei Sehnsucht empfand, nach Deutschland zurückzukehren. Zwar hatten sich, etwa ein Jahr nach meiner Übersiedlung nach Innsbruck, die Verhältnisse auch in meiner alten Heimat geändert. Der bekannte wirtschaftliche Aufstieg hatte in Deutschland begonnen. Aber ich war entschlossen, in Österreich zu bleiben, zumal es ziemlich sicher war, daß ich über kurz oder lang die Leitung der österreichischen Filialfabrik übertragen bekommen würde. Es waren bereits Gespräche im Gange, die ganze Fabrik nach Wien zu verlegen.

Meine infolge der Hungerjahre in der Heimat anfänglich noch schwache Gesundheit hatte sich auf Grund der gesunden Lebensverhältnisse in Tirol sehr gebessert. Durch Skifahren im Winter, Schwimmen und Wandern im Sommer war ich erstarkt, und mein Lebens- und Entdeckerdrang kannte noch immer keine Grenzen. Da ich jetzt auch mehr verdiente, beschloß ich, mir ein Motorrad zu kaufen, wie es damals mit zunehmendem Wohlstand unter jungen Leuten üblich wurde. Ich träumte davon, wie ich das Land noch viel besser kennenlernen könnte, und sah mich im Geiste die Tiroler Pässe hinauffahren und meine Reisen auch auf das herrliche Südtirol ausdehnen. Ebenso wie ich dachte ein jüngerer Kollege, der von der Stammfabrik in Heidenheim in unseren kleinen Betrieb versetzt worden war. Auch er erwarb, kaum ein paar Wochen in Innsbruck, ein Motorrad, war gleich mir entzückt von den sportlichen Möglichkeiten in Tirol, und so konnten wir gemeinsame Pläne für das kommende Frühjahr und den Sommer schmieden.

Es war an einem Vorfrühlingstag. Auf den Bergen herrschte noch Winter, aber die Felder im Tal waren schon schneefrei, und ein Hauch von Frühling lag in der Luft. Wir beschlossen, nach dem Abendessen mit unseren Maschinen nach dem benachbarten Solbad Hall zu fahren. Die Straße dorthin war fast schnurgerade, recht geeignet für eine nächtliche Fahrt. Beglückt fuhren wir dahin, voller Freude an dem neuen Sport. In Hall kehrten wir kurz ein, sprachen von künftigen Unternehmungen und machten uns dann auf den Rückweg, der so ganz anders enden sollte, als wir gedacht hatten.

Ich fuhr voraus, in kurzem Abstand folgte mein Kollege. Die Straße lag nahezu ohne Verkehr vor uns. Es war dunkle Nacht, nur unsere Scheinwerfer erhellten den Weg. Plötzlich sah ich, daß ein Bahnschranken die Fahrbahn versperrte. Das rote Warnsignal war nur durch eine Petroleumlampe beleuchtet, und so erkannte ich die Situtation um Sekunden zu spät. Ich hatte Mühe, meine schwere Maschine zum Stehen zu bringen. Es gelang jedoch und ich wandte mich augenblicklich um, um meinem nachfolgenden Kollegen ein Zeichen zu geben. Aber dazu war es zu spät. Ohne mehr richtig bremsen zu können, prallte er mit einem Krach schräg von hinten auf mich auf. Ich kam zu Sturz, das Motorrad kippte auf mich, und als ich aufstehen wollte, merkte ich zu meinem Schrecken, daß mein rechter Fuß wie gelähmt war und ich mich nicht erheben konnte. Inzwischen brauste der Schnellzug, dem die Schließung des Schrankens gegolten hatte, vorbei. Der Schrankenwärter, der den Unfall bemerkt hatte, kam herüber. Mein Freund war mit einigen unbedeutenden Verletzungen davongekommen und bereits aufgestanden, aber über mir lag noch mein Motorrad, und es zeigte sich sogleich, daß der rechte Fuß gebrochen sein mußte. Der Bahnwärter verständigte die Rettung im nahegelegenen Hall. Ich lag inzwischen mitten auf der Straße, und die wenigen Autos, die während des Wartens daherkamen, wurden um mich herumgeleitet. Ich dürfte nicht viel länger als eine Viertelstunde so gelegen sein, bis der Rettungswagen kam. Aber die Minuten schienen wie Stunden. Ein dünnes Blutgerinnsel wurde sichtbar und verbreitet sich auf der Straße, so daß mir immer klarer wurde, daß ich auf keine rasche Heilung hoffen durfte. Schließlich war der Rettungswagen da, und man brachte mich auf meinen Wunsch hin nicht nach Hall, sondern nach Innsbruck ins Sanatorium an der Kettenbrücke, das der Unfallstelle am nächsten lag; denn damals gab es noch keine ausgesprochenen Unfallspitäler. Es war ungefähr halb elf Uhr nachts geworden, als der herbeigerufene Arzt, ein Schüler des bekannten Unfallchirurgen Prof. Böhler, im Sanatorium eintraf. Die Untersuchung ergab, daß es sich um einen offenen Bruch handelte, der eine länger dauernde Operation nötig machte.

Man brachte mich also in den Operationssaal. Es kamen die Operationsschwestern, es kam ein Narkotiseur, und nach den üblichen Vorbereitungen wurde ich in eine Äthernarkose gelegt, die von etwa 11 Uhr nachts bis gegen 6 Uhr früh dauern sollte. Die lange Dauer ergab sich aus dem Umstand, daß viele Knochensplitter entfernt und die offene Wunde stundenlang gespült werden mußte, um eine Infektion zu verhindern, die mit ziemlicher Sicherheit zu einer Amputation geführt hätte, wie man mir später sagte. Der Narkotiseur war eine Hilfskraft, eigentlich ein Masseur, den man angelernt hatte, denn zu jener Zeit gab es, soviel ich weiß, keine Fachärzte für dieses Spezialgebiet. Es war derselbe Masseur, der mich noch Monate später behandelte und mir dieses und jenes nachträglich erzählte, was sich in der langen Nacht dieser Operation zugetragen hatte. Ich glaube, daß es zum Verständnis der inneren Vorgänge gut ist, seinen Bericht über den äußeren Verlauf der Narkose vorwegzunehmen. Es war, wie ich schon erwähnte, eine Äthernarkose. Der Patient bekommt dabei eine Maske auf die Nase, und der Narkotiseur träufelt Äther, der in schwächerer oder stärkerer Dosis mit der Atemluft eingeatmet wird, auf einen Mullbausch. Die Aufgabe des Narkotiseurs ist es sodann, den Patienten zu beobachten und die Tiefe der Bewußtlosigkeit zu kontrollieren. Das geschah damals durch Beobachtung der Pupille. Der Mann erzählte mir später, während er meinen Fuß massierte, daß es bei mir eine ungewöhnlich lange Narkose gewesen war. Irgendwann in dieser Nacht kam schließlich der Augenblick, in dem der Narkotiseur sah, daß die Betäubung gefährlich zu werden begann, und ich, wie er sich ausdrückte, „schon fast drüben war“. Der Chirurg ordnete daraufhin an, mit der Narkose nachzulassen. Nach einiger Zeit „kam ich“, was im Fachjargon besagt, daß der Patient aus der Bewußtlosigkeit zu erwachen beginnt. Diesen Augenblick habe ich noch genau in Erinnerung; doch davon will ich später erzählen. Als kein Zweifel mehr bestand, daß ich wieder ganz „da“ war und sogar den Fuß, an dem noch operiert wurde, zu bewegen begann, gab man wieder Äther und ich wurde neuerlich bewußtlos. Der Narkotiseur versicherte mir später mehrmals, daß er erschrokken war und auf Grund des Pupillentests und seiner jahrelangen Erfahrung befürchtet hatte, ich käme aus dieser langen und tiefen Narkose „nicht wieder zurück“.

Die Mitteilungen des Arztes über die Schwere meiner Verletzung und die voraussichtlich lange Dauer der Heilung – sofern eine solche überhaupt erhofft werden durfte – hatten mich hellwach gemacht. Es war meine erste Narkose, und ich weiß noch, daß ich mir fest vornahm, den ganzen Vorgang des gewaltsamen Bewußtseinsentzuges genau zu beobachten, soweit das nur möglich wäre. Es war mir zumute, als legten sich Ringe um mich, immer mehr Ringe, die die Verbindung der Sinne mit der Welt einengten. Schließlich waren es dicke Mauern, und ich verlor das Bewußtsein.

Es mag Stunden gedauert haben, bis die Narkose jene Tiefe erreichte, von welcher der Narkotiseur mir später berichtete. Zeit und Raum hörten auf zu existieren, der Kontakt mit der Umwelt war unterbrochen, jedes Gefühl erloschen. Aber nun erlebte ich etwas Seltsames: Zuerst schwach, doch zunehmend stärker erfaßte ich, daß ich wieder „war“. Ich erwachte gleichsam in einem jenseitigen, von der Welt getrennten geistigen Raum und begriff mich als Ich. Mein Bewußtsein von mir selbst war dabei absolut identisch mit meinem Personsein in der Welt und doch von anderer Art als dort. Es ist schwer, dafür die passenden Worte zu finden. Am ehesten möchte ich sagen: Ich nahm wieder wahr, wie früher in der Welt, aber rezeptiv, nicht selbst wollend, dennoch aktiv, intensiv und staunend.

In diesem ganz geistigen Raum (Raum jedoch nicht im irdischen Sinn, sondern eben jenseitig) erfaßte ich zunächst undeutlich, in der Ferne, ein geistiges Zentrum, wie ein Licht von ungeheurer Intensität, einen Mittelpunkt, auf den alles in jenem Raum hingeordnet war. Mein geistiges Auge, der Mittelpunkt meiner Person, war wie gebannt auf dieses noch ferne Zentrum gerichtet, und schon sein Anblick erweckte in mir eine tiefe Sehnsucht, ihm näher zu kommen, als dem letzten, beglückendsten Ziel. Es war, als ob alles, was ich jemals in meinem Leben ersehnt und gewünscht hatte, hier wie in einem Brennpunkt gesammelt, in einer alle Vorstellungen übersteigenden Fülle lebendig und auf jenen Mittelpunkt gerichtet sei; und als ob jedes Wesen nichts anderes erstreben könne als die innigste Verbindung mit eben diesem beseligenden geistigen Zentrum. Mit der Erkenntnis dessen war unmittelbar ein tiefes Glück verbunden; denn ich nahm wahr, daß ich mich auf jenes zuinnerst begehrte Zentrum hin bewegte, mich ihm näherte. Nicht geradlinig, sondern – ich zögere, es niederzuschreiben – in einer Spiralbewegung. Ich bewegte mich – deutlich wahrnehmbar, aber schwer zu beschreiben – in Kreisen um das ferne Ziel herum, in Kreisen, die mit jeder Umdrehung enger wurden. Dadurch kam ich dem Mittelpunkt näher und näher. Er wurde mir mit jeder Umdrehung deutlicher, beglückender, und zugleich wurde die Sehnsucht immer tiefer, immer intensiver, das begehrte Ziel ganz zu erreichen. Es war, als würde ich immer mehr mit voller Klarheit erkennen, daß kein irdisches Gut mich jemals so beglückt hatte und je beglücken können würde wie dieses unbegreifliche Licht. Heute, nach so vielen Jahren, würde ich sagen, daß von dem geheimnisvollen Zentrum eine unendliche Lebensfülle ausging, ein rätselhaftes Alles-in-Allem. In die Sehnsucht, ganz zu diesem Zentrum zu gelangen, mischte sich keine Spur von Auflösung, kein Gedanke an ein Verlöschen in dieser gewaltigen Sonne, von der eine grenzenlose Kraft auszustrahlen schien. Ganz klar war mit der Beglückung der Annäherung die Gewißheit verbunden, daß mein eigenes Ich dort seine Erfüllung finden würde.

Auf dem Weg zum Zentrum nahm ich – wie mir noch deutlich in Erinnerung ist – einen Menschen wahr; nicht körperlich, und doch sah ich ihn ganz real. Dieser Mensch, besser dieses geistige Wesen, hatte den Blick mit einer unstillbaren Sehnsucht auf jenen Mittelpunkt gerichtet, mit einem Verlangen, das zugleich tiefe Schmerzen verursachte, weil ihn irgend etwas hinderte, dem beglückenden Ziel auch nur um Haaresbreite näherzukommen. Er war gleichsam fixiert und vermochte sich nicht mehr zu verändern, obwohl er es, wie ich an seinen Zügen ablesen konnte, mit aller Leidenschaft, mit seiner ganzen Seele, ersehnte. Ich glaubte damals zu erkennen, es handle sich um Voltaire, doch kann ich nicht sagen, warum. Ich habe übrigens, als ich das sonderbare Erlebnis später einigen Freunden erzählte, stets von Voltaire gesprochen. Wenn ich heute zurückblicke, ist mir nur das in Schmerz erstarrte Gesicht noch deutlich in Erinnerung.

Ich kam also dem Mittelpunkt der Spirale immer näher. Mit jeder weiteren Umdrehung, mit zunehmender Annäherung, wurde das Verlangen heftiger, ganz zu der beseligenden Mitte als dem begehrenswertesten Gut hinzugelangen. Alle Wesen des jenseitigen Raumes erkannten dies ebenso klar, wie im Diesseits alle die gemeinsame Umwelt mit den gleichen Sinnen wahrnehmen. Da sich die Bewegung in Spiralen vollzog, nahm die Geschwindigkeit der Annäherung ständig zu. Aber an einem bestimmten Punkt der Bahn wurde ich auf einmal an der Weiterbewegung gehindert. Die Bewegung kam zum Stillstand, ja sie wurde rückläufig, so daß ich mich in der Spirale wieder nach außen bewegte und von dem ersehnten Mittelpunkt entfernte. Ich muß noch erwähnen, daß ich bei all diesen Vorgängen ganz passiv schien, d. h. ich hatte weder die Möglichkeit, die Bewegung der Annäherung zu fördern, noch die rückläufige Bewegung zu stoppen. Diese Rückwärtsbewegung war mir ebenso schmerzlich wie die Annäherung beglückend gewesen war, und zwar bestand der mit der wachsenden Entfernung zunehmende Schmerz eben darin, das als zutiefst beglückend erkannte Gut verlassen zu müssen. Beim endgültigen Erwachen aus der Narkose, von dem ich später erzählen will, wiederholte ich aus diesem Grunde immer wieder die Worte: „furchtbar, furchtbar", was sich die Anwesenden gar nicht erklären konnten und schließlich auf die Übelkeit nach der Narkose bezogen, während ich doch nur an das Geschaute dachte, davon aber noch nicht sprechen konnte. Das ganze Erlebnis nahm – so kam es mir vor – lange Zeit in Anspruch.

Der so deutlich, nicht mit den Sinnen, sondern von der Seele wahrgenommene Mittelpunkt, dessen Wesen ich jedoch nicht erkennen konnte, wurde immer ferner und undeutlicher. Und dann kam ein Augenblick, der für immer meiner Erinnerung eingeprägt bleiben wird: Es wurde mir plötzlich klar – *wie* dies geschah, weiß ich nicht –, daß ich in wenigen Augenblicken zum Bewußtsein, in die Welt zurückkehren, daß ich jetzt gewissermaßen die Grenze überschreiten würde. Diese Erkenntnis war von dem festen Willensakt begleitet, den entscheidenden Augenblick für mein späteres Leben festzuhalten und mir unauslöschlich einzuprägen. Es war, als ob eine Stimme zu mir sagte: „Merke dir das für immer!" Gleich darauf war es mir ganz deutlich, daß es eine diesseitige und eine jenseitige Welt gibt, ein diesseitiges und jenseitiges Bewußtsein. Es war etwa so, wie wenn man durch das Tor einer Scheidewand geht, die zwei Räume trennt, und in dem Augenblick, in dem man den Durchlaß passiert – aber nur in jener einzigen Sekunde auf der Schwelle –, mit einem Blick gleichzeitig beide Räume wahrnimmt.

„Er kommt..." Das waren die ersten Worte, die ich hörte. Gleichzeitig war ich wieder „da", wußte wieder, was sich ereignet hatte, warum ich hier lag, kurz, ich war wieder bei vollem Bewußtsein. Die um mich herumstehenden Menschen befanden sich mitten in einer Unterhaltung alltäglicher Art. Es war Stunden nach Mitternacht, und allen mußte die unablässige Spülung der offenen Wunde schon übermäßig lang dauern. Ich hörte den Arzt zu einer Schwester von Theaterkarten sprechen, die er besorgen wolle. Es war ein ganz banales Gespräch ohne jedes Interesse für mich. Trotzdem übten diese Worte eine unerwartete und tiefe Wirkung aus: Auf unerklärliche Weise erkannte ich, daß sie einer Geisteshaltung entsprangen, die mit der soeben wahrgenommenen Welt in einem entsetzlichen Widerspruch stand. Es war ein Geist der Frivolität, abscheulich, ekelerregend. Nie hatte ich in meinem Leben bis dahin eine solche Wertung erlebt. Der Eindruck war stark und wohl deshalb unvergeßlich bis heute.

Ich begann mich nun auch zu bewegen und hob, wie die Operationsschwester später berichtete, den verletzten Fuß in seiner ganzen Länge. Da eine knöcherne Verbindung nicht mehr bestand, drehte sich der nur an Sehnen und Muskeln hängende Fuß oberhalb des Knöchels um 180 Grad, die Knochen traten an der gebrochenen Stelle heraus – es soll ein grausiger Anblick gewesen sein. Der Arzt gab dem Narkotiseur eilige Anweisungen, die Narkose fortzusetzen bzw. wieder zu verstärken. Ich sank erneut in Bewußtlosigkeit zurück, ohne aber diesmal – wie im ersten Teil der Nacht – etwas zu erleben. Wie ich schon sagte, erfuhr ich vom Narkotiseur viel später den äußeren Ablauf der Operation: Er hatte dem Chirurgen mitgeteilt, daß die Narkose eine Tiefe erreicht habe, die gefährlich zu werden begann. Man fürchtete, daß ich nicht mehr aufwachen würde, und so kam es, daß man die Ätherzufuhr ganz abstellte. Das war, so folgerte ich sofort, jener Augenblick, in dem meine Bewegung in der Spirale zum Stillstand kam und rückläufig wurde. Aber die Operation mußte fortgesetzt werden, und so gab man wieder Äther, bis ich abermals das Bewußtsein verlor.

Dieser zweite Teil der Operation hat noch Stunden gedauert. Erst gegen 7 Uhr früh fand ich mich in einem Einzelzimmer wieder. Neben meinem Bett saß eine alte katholische Klosterfrau mit einer großen Flügelhaube, eine Barmherzige Schwester. Das ganze Zimmer war von Äthergeruch erfüllt, und mir schien, daß ich mit jedem Atemzug ganze Wolken von Äther ausatmete. Ich war noch keineswegs ganz wach. Mir war übel, und ich muß wohl mehrmals das Bewußtsein wieder verloren haben, bis ich endlich ganz bei mir war.

Plötzlich, wie mit einem Schlag, erinnerte ich mich an das, was ich in der Nacht erlebt hatte. Ich wurde unruhig, und die Schwester beugte sich über mich und fragte, ob mir etwas fehle. Ich stieß erregt immer wieder die gleichen Worte hervor: „Schrecklich, schrecklich, entsetzlich!" Die Schwester meinte natürlich, ich spräche von meinem schweren Unfall und begann, mir Trost zuzusprechen – er bezog sich auf meinen Fuß und auf die Konsequenzen, die ja wirklich recht unangenehm waren, an die ich aber jetzt noch keinen Gedanken verlor. Was mich ausschließlich beschäftigte, war das merkwürdige Erlebnis in der Narkose. Nur darum drehten sich alle meine Gedanken, nur das versuchte ich in mein Bewußtsein einzuordnen. Was war geschehen? War es ein Traumgespinst? War es erlebte Wirklichkeit? Was hatte es zu bedeuten? Ich vergaß förmlich meinen Unfall, meine veränderte Lage, kurzum alles, und lag nur da, scheinbar teilnahmslos. Aber tatsächlich war ich hellwach, und in mir jagten einander hundert Fragen, Antworten und Deutungen.

Als es vollends hell wurde, kamen die ersten Besuche – Freunde und Kollegen, die von meinem Unfall erfahren hatten. Auch sie hörten von mir die gleichen Worte „entsetzlich, schrecklich" und kaum etwas anderes. Sie mußten denken, ich hätte den Verstand ganz oder teilweise verloren und nähme den Unfall viel zu tragisch, der zwar schlimm genug, aber doch nicht so außergewöhnlich war. Mit keinem Wort erwähnte ich das Erlebte, auf das sich meine Worte und meine Verstörtheit bezogen. So ließ ich alle bei ihrem Glauben und war froh, wieder allein zu sein, um meinen Gedanken weiter nachhängen zu können. Erst am Nachmittag ging es mir physisch besser. Die Übelkeit und der abscheuliche Äthergeruch waren fast verschwunden. Auch der Brechreiz war vergangen, so daß die gute Schwester mich schon stundenweise allein lassen konnte. Ich begann mich umzusehen. Mein Zimmer war groß und freundlich; und offenbar war es das Sanatorium an der Kettenbrücke, welches ich ja von außen gut kannte, in dem ich nun lag. Daß es ein katholisches Haus war, hatte ich schon an der Tracht der Schwester gesehen.

Aber dann fiel mein Blick wie zufällig auf das Kruzifix, das mir gegenüber an der Wand hing. Ich nahm es wahr, als sähe ich zum erstenmal in meinem Leben ein Kreuz. Plötzlich ging es wie ein

Schrecken durch mich hindurch – ein Zusammenhang mit dem Erlebten! Es war eine noch tiefere Beunruhigung als das Erlebnis in der Narkose selbst. In diesem hatte ich nichts von Christus wahrgenommen, ja überhaupt nichts, was unmittelbar von Gott gekündet hätte. Hatte ich doch bis dahin ohne Religion gelebt. Was sich mir in jener Nacht der Narkose tief einprägte, war nur etwa dies:

Erstens: Das Leben des Menschen endet keinesfalls mit dem Tod, so eindrucksvoll die Vernichtung des Leibes dies auch zu beweisen scheint. Das Bewußtsein erlischt zwar in bezug auf diese unsere Welt, erwacht aber nach völliger „Durchschreitung des Tores" in einer anderen Welt, im Jenseits oder Drüben, oder welche Ausdrücke immer man dafür verwenden mag. Das Fortleben der Person, jenes geheimnisvollen Ichs, in voller Identität ist eine absolute Wirklichkeit: Man könnte auch sagen, der Personkern wird nicht zerstört, er ist offenbar für eine Ewigkeit bestimmt.

Zweitens: Jenseits unserer sinnenhaft erfahrenen Welt existiert ein Geist, ein Geist von unvorstellbarer Dimension, ein geistiges Zentrum des Universums, dessen Macht und Größe die menschliche Vorstellungskraft unendlich übersteigt.

Drittens: Dieses geistige Zentrum muß offenbar für die menschliche Seele die Summe alles Begehrbaren, aller Werte sein. Wie hätte ich sonst die Annäherung schon von weitem als letzte Beglückung erfahren und – noch mehr – ersehnen können?

Das waren ungefähr die Gedanken, die ich mir schon in den ersten Stunden nach dem Erwachen gemacht hatte; Gedanken, die einander durchkreuzten und die auch immer wieder von mir verworfen wurden im Zweifel, das Ganze sei vielleicht nur ein besonders intensiver Traum gewesen, eine Chimäre, der keine Realität entsprach. Und jetzt diese ebenso unerklärliche wie starke, plötzliche Einsicht, daß der Gekreuzigte damit in irgendeinem Zusammenhang stehe! Meine Beunruhigung nahm noch zu. Etwas Unergründliches, bis dahin nie Erlebtes, ja etwas Unheimliches hatte mich angerührt. Mein ganz harmloses, neutrales und sicheres Weltgefühl war erschüttert, die Konsequenzen waren für mich unabsehbar und beängstigend zugleich! So ist es verständlich, daß ich tagelang kaum ansprechbar war und einen verstörten Eindruck auf Freunde und Besucher machte. Ich war geradezu froh, daß sie alle meinten, ich nähme eben den Unfall mit dem vom Arzt angedeuteten langen Krankenhausaufenthalt zu tragisch. Das enthob mich aller anders lautenden Erklärungen – denn es gab niemanden, dem ich mich hätte anvertrauen können.

Die Tage vergingen, und praktische Entscheidungen vielfacher Art, die mein Beruf mit sich brachte, drängten. Es wurde Frühling, und ich lag tagsüber mit einem großen Gipsfuß im Garten des Sanatoriums unter den blühenden Bäumen. Eine meiner Schwestern war aus der Heimat herbeigeeilt und sorgte rührend für mich. Aus der Fabrik sandte man täglich Boten. Ich empfand diese Rückkehr in mein altes Leben als angenehm, weil es mich ablenkte und davon abhielt, unablässig über das geheimnisvolle Erlebnis nachzusinnen. Inzwischen war ich soweit genesen, daß ich einen Gehgips erhielt, und mich ein Kollege täglich abholte, mich in die Fabrik fuhr und nach einigen Stunden ins Sanatorium zurückbrachte. Die Welt hatte mich wieder, allmählich trat das Erlebte in meinem Bewußtsein zurück, und alles schien in die gewohnten Geleise zu kommen.

8. Übersiedlung nach Wien

Mochte auch mein Leben äußerlich wieder in den bisherigen Formen verlaufen – es hatte doch eine tiefe Veränderung erfahren. Meine naive, ganz auf die Oberfläche gerichtete Weltsicht war gebrochen. Das, was ich erlebt hatte, wirkte gleichsam unbemerkt in meiner Seele fort. Ein Mißtrauen gegen alle Auffassungen, die sich mit der Peripherie der Erscheinungen begnügten, war in mir erwacht und hatte einem unstillbaren Durst nach Wahrheit Platz gemacht; ja, die Frage nach der Wahrheit und dem letzten Sinn des Daseins begann mich mehr als mein Beruf zu beschäftigen und zum Schwerpunkt meines Lebens zu werden. Trotz des Widerstands des österreichischen Gesellschafters wurde vom Stammhaus in Heidenheim die Verlegung der noch kleinen, aber aufstrebenden Innsbrucker Filiale nach Wien beschlossen. Innsbruck hatte sich als ungünstiger Standort erwiesen, und die Erfahrung der Jahre hatte gezeigt, daß die Fabrik in Wien rentabler arbeiten könnte, weil der größere Absatzmarkt für unsere Fabrikate eben in der Hauptstadt selbst gelegen war. Zugleich mit dem Verlegungsbeschluß wurde mir die Geschäftsführung des österreichischen Unternehmens übertragen. Damit war natürlich auch die ganze Verantwortung für die Übersiedlung und Einrichtung der neuen Fabrik in Wien verbunden.

Das war eine Aufgabe, die mich freute, jedoch eine große Arbeitslast mit sich brachte. Wohl war ich inzwischen einige Male in Wien gewesen, für meine neue Funktion aber waren genauere Kenntnisse der Wiener Verhältnisse nötig, die ich mir erst aneignen mußte. Auch wurde der Konkurrenzkampf durch unser Vordringen in die Hauptstadt weiter verschärft und nahm neben den Problemen des Aufbaus der neuen Fabrik meine ganze Kraft in Anspruch.

So war es begreiflich, daß mein Erlebnis in der Narkose in den Hintergrund trat und ich mich in den ersten Wiener Jahren nicht mehr so intensiv damit beschäftigte. Dennoch ging es nicht im Alltagstrubel unter und verschwand trotz des Ansturms der Berufsaufgaben nicht aus meinem Bewußtsein. Sobald ich mich in der neuen Umgebung einigermaßen eingelebt hatte und das Unternehmen auf einer soliden Basis stand, wurde mir das rätselhafte Geschehen wieder mehr und mehr gegenwärtig. Ich fühlte mich trotz des interessanten beruflichen Einsatzes eigentlich unerfüllt, ja unbefriedigt. Mir wurde klar, daß ich trotz der guten Verhältnisse, in denen ich mich äußerlich befand, so nicht weiterleben konnte, ohne tief unglücklich zu werden. Das Leben mußte, so schien es mir, einen Sinn haben, den ich noch nicht gefunden hatte. Dieser Gedanke tauchte immer wieder in mir auf, ging im Drang der Geschäfte wieder unter, kam mir aber stets von neuem in den Sinn und ließ sich nicht mehr verdrängen.

Die Übersiedlung nach Wien bedeutete eine entscheidende Wendung in meinem Dasein. Der Kontrast zu Innsbruck war gewiß weniger stark als jener zwischen meiner Heimat und Tirol, aber dennoch für mein inneres Leben von großer Bedeutung. Die Menschen, mit denen ich in Wien in Berührung kam, waren völlig anderer Art als jene in Tirol. Da ich in Innsbruck viel Sport getrieben hatte, waren meine dortigen Freunde vorwiegend Menschen ohne tiefere geistige Interessen. In Wien kam ich, ohne mein Zutun, gleich zu Beginn meines Aufenthaltes in ganz andere Kreise. Ich hatte mir ein Zimmer in Hietzing genommen, wobei ich zunächst nicht mehr suchte als die Nähe zur Fabrik und eine ruhige Lage. Beides fand ich in der Wattmanngasse bei Frau Dr. Waldeck, einer alleinstehenden Witwe, die mich sogleich in ihren großen Wiener Bekannten- und Freundeskreis einführte. Frau Dr. Waldeck war die Schwester des damaligen Kulturattachés in Paris, Dr. Zifferer, und führte noch so etwas wie einen „Salon" – das heißt, sie hatte jede Woche einen Jour, an dem sich ihre Freunde bei ihr trafen. Das waren junge, meist arme Künstler, wie zum Beispiel Franz Lerch und Theodor Kern, die sie auch finanziell unterstützte. Sie war außerdem nebenbei Schriftstellerin, ebenso wie ihr Bruder in Paris, der häufig Feuilletons für die „Presse" schrieb, einmal sogar einen Roman, dessen Titel ich jedoch vergessen habe. Jedenfalls war sie eine Mäzenin, und die

Menschen, die bei ihr zusammenkamen, waren zwar durchwegs Leute verschiedensten Alters und unterschiedlichster Bildung, aber alle künstlerisch bzw. geistig rege. Durch diesen Kreis in der Wattmanngasse wurde ich in Wien schneller heimisch als ich geahnt hatte.

Trotz der beruflichen Anstrengungen erwachten in mir nun ganz neue Interessen. Ich ging viel ins Burgtheater, besuchte die Museen und nahm eifrig all die literarischen Anregungen auf, die sich mir in der Umgebung von Frau Waldeck boten. Ich begann zu lesen, viel zu lesen, besonders die bedeutenden russischen Schriftsteller Tolstoi, Dostojewski und Gogol, die einen tiefen Eindruck auf mich machten. Begünstigt wurde diese Hinwendung zur Literatur außerdem durch meine Fußverletzung, die mir in den ersten Wiener Jahren noch immer zu schaffen machte. Der schwere Knochenbruch war unvollständig geheilt, und ich mußte bei dem bekannten Unfallchirurgen Böhler nochmals operiert werden. Bei dieser zweiten Operation wurde der Fuß neuerlich gebrochen, aber sie brachte schließlich eine völlige Heilung, so daß ich wieder jeden Sport ausüben konnte. Während der Monate der Rekonvaleszenz las ich die „Kulturgeschichte der Neuzeit" von Egon Friedell. Jahre zuvor schon hatte ich einmal den „Untergang des Abendlandes" von Oswald Spengler studiert, daraus aber wenig Nutzen für mich gezogen, obwohl ich von Spengler fasziniert war und sich meinen Augen ganz neue Perspektiven eröffneten. Aber Friedell traf mich in ganz anderer Weise. Mein Erlebnis in der Narkose wurde seltsamerweise neu lebendig. Die Augen gingen mir auf dafür, daß das Leben des Geistes das eigentliche Leben und – um Friedells Worte zu gebrauchen – die Geschichte des Menschen „geronnene Philosophie" ist. Ich kann den starken Einfluß Friedells auf mich nicht erklären, ja kaum selbst verstehen, aber jedenfalls haben seine blendenden Darlegungen Horizonte vor mir aufgetan, von deren Existenz ich vorher keine Ahnung hatte, so daß die Lektüre seiner Kulturgeschichte eine Art von Erwachen in mir bewirkte, in einem Prozeß, der sich jahrelang hinzog. Im Vergleich dazu vermochten Rudolf Eukens „Lebensanschauungen der großen Denker", die ich vorher gelesen hatte, in mir nichts zu wecken. Ich erwähne diesen Unterschied nur, um zu zeigen, wie geheimnisvoll die Wirkung geistiger Begegnungen ist, und wie wenig man sie oft voraussehen kann.

In dem Kreis um Frau Waldeck machte ich im Laufe der Jahre, die ich dort zubrachte, viele interessante Bekanntschaften. Da war vor allem der Sohn eines Holländers und einer chinesischen Mutter, der anfänglich den Ton angab. Als ich kam, lebte er schon jahrelang in Wien und wollte nie wieder nach Holland zurück, weil es ihm hier um vieles besser gefiel als in Amsterdam. Sein fremdländisches Aussehen machte ihn zu einer auffallenden Erscheinung und dementsprechend beliebt in der Wiener Gesellschaft. Er vertrat einen Materialismus im Sinne Haeckels und verstand es glänzend, für seine Weltanschauung zu argumentieren, elegant und gewandt, wie er immer auftrat. Außer ihm fiel eine junge Verwandte der Dame des Hauses auf, Apothekerstochter mit doppeltem Doktorat und viel gründlicher gebildet als der Holländer. Aber eigentlich spannend wurde es bei den Diskussionen erst, als zwei neue Personen nach Wien und regelmäßig in unseren Kreis kamen. Von dem einen will ich später noch berichten, der andere war der Kunstmaler Theodor Kern, den ich schon erwähnte. Er war ein alter Bekannter von Frau Waldeck, der die letzten Jahre in England gelebt hatte und nun in die österreichische Heimat zurückkehrte. Frau Waldeck, selbst eine liberale Jüdin, erzählte vor seiner bevorstehenden Ankunft merkwürdige Dinge von ihm. Er habe sich als Maler längere Zeit in Paris aufgehalten, dort ein recht freies Leben geführt, sich jedoch in England ganz geändert. Es sei ihr zu Ohren gekommen, daß er sogar zeitweilig in einem Kloster gelebt habe, jedenfalls völlig umgewandelt sei, und sie sehe nun seiner Rückkehr mit recht gemischten Gefühlen entgegen. Diese gemischten Gefühle teilte ich ganz und gar. Ich stellte mir unter Kern einen mittelalterlichen Finsterling vor oder doch einen Fanatiker, der überhaupt nicht in diesen Kreis passen konnte. Trotz allen Suchens hatten sich meine Ansichten über die katholische Kirche nicht geändert: Es war in der Tat so, daß ich bereit war, überall nach der Wahrheit zu suchen, nur nicht bei dieser. Der Gedanke, daß Christus eine besondere Bedeutung für uns Menschen habe, ließ mich nicht mehr los, aber den römischen Papst als seinen Stellvertreter auf Erden anzuerkennen, das schien mir ganz außerhalb jeder Möglichkeit zu liegen.

Eines Tages erschien also der Maler Kern wirklich in der Wattmanngasse. Er war sichtlich sehr arm, entsprach aber sonst in keiner Weise dem Bild, das ich mir von ihm gemacht hatte. Er war ein fröhlicher Mensch, hatte viel Humor und wußte interessant von seinen Erlebnissen im Ausland zu erzählen. Er tauchte nun regelmäßig auf und bekam immer besonders große Schnitzel vorgesetzt, weil er sich an den übrigen Wochentagen offenbar nur selten ganz sattessen konnte. Gleich an einem der ersten Abende geschah es, daß er vor dem Essen ein großes Kreuzzeichen schlug und kurz im stillen betete. Nicht etwa aufdringlich oder gar provokant, aber auch ohne Scheu vor den etwa zehn Personen, die um den Tisch herum saßen. Ich sah, daß ihn einige beobachtet hatten und einander vielsagend anblickten. Ich selbst war sprachlos, weniger über den Vorgang selbst, als über die Zivilcourage, etwas so Auffallendes zu tun. Es konnte nicht ausbleiben, daß es von nun an immer öfter auch religiöse Gespräche gab. Dabei fiel mir auf, daß Kern jedesmal seinen Glauben ganz ohne Fanatismus mit klaren, einleuchtenden Thesen verteidigte. Der früher in der Runde dominierende Materialist verlor sichtlich an Boden, die Überzeugungskraft seiner Argumente verblaßte, ich begann aufzuhorchen. Es dauerte nicht lange, und ich kam persönlich mit Kern ins Gespräch; denn er erschien öfter auch während der Woche bei Frau Waldeck, die ihn sichtlich protegierte. Bei diesen Unterhaltungen über die katholische Kirche mußte ich feststellen, daß *Der Großinquisitor* von Dostojewski in mir noch sehr lebendig war.

Dazu kam ein Erlebnis besonderer Art: Im Kulturbund war der Vortrag eines gewissen Professor Michael Pfliegler[3] angekündigt worden; es ging um eine soziale Frage, die mich interessierte. Der Name Pfliegler war mir ganz unbekannt. Ich saß in einer der vordersten Reihen. Als der Vortragende hereinkam, sah ich an seiner Kleidung, daß er katholischer Priester war. Schon war ich geneigt, aufzustehen und wegzugehen, als ich es mir dann doch anders überlegte. Es war das erstemal, daß ich einen katholischen Priester hörte. Ich weiß vom Inhalt des Vortrags nichts mehr, aber eines habe ich nicht vergessen: Als ich mit der Stadtbahn heimfuhr, war ich tief bewegt. Was nämlich der Professor dargelegt hatte, war einfach die Wahrheit, entsprach genau dem, was ich in meinem eigenen Berufsleben erfahren hatte. Es kam mir der Gedanke: Wie, wenn die katholische Kirche auch sonst die Wahrheit lehrte? Wenn also alles, was ich bisher über sie gedacht hatte, falsch wäre? Wenn es unverantwortlich wäre, fremde Ansichten über sie einfach zu übernehmen, ohne selbst zu prüfen und auch dort nach Wahrheit zu suchen, wo ich sie bisher nicht gesucht hatte? Zwar war Dostojewski ein Genie gewesen, aber schloß Genialität religiösen Irrtum aus? Solche und ähnliche Gedanken gingen mir bei der Heimfahrt durch den Kopf. Kaum je war ich so betroffen gewesen, und es überwältigten mich auf dem nächtlichen Weg die Tränen.

Ungefähr zur gleichen Zeit erschütterte noch ein zweites Ereignis meine bisherige Meinung über die katholische Kirche. Ich habe schon jene ebenso kluge wie hübsche Nichte der Frau Waldeck erwähnt, die auch in der Wattmanngasse verkehrte. Eines Tages war ich im Josefstädter Theater gewesen und hatte Hochwälders *Heiliges Experiment* gesehen[4], das damals sehr häufig gespielt wurde. Als ich heimkam, waren noch ein paar Leute, darunter die genannte Nichte, anwesend. Ich setzte mich zu ihnen, und man sprach von der Aufführung. Über ihre Nichte hatte Frau Waldeck mir gegenüber einmal bemerkt, daß sie „sehr rot" sei; diese Äußerung lag freilich Monate zurück. Als ich nun im Gespräch über *Das heilige Experiment* nebenbei bemerkte, Jesus Christus sei auch ein großer Sozialrevolutionär gewesen, antwortete die junge Doktorin, über meine Äußerung sichtlich aufgebracht, kühl: „Ich finde das, was Sie da sagen, sehr oberflächlich." Diese Zurechtweisung vor den Anwesenden war mir natürlich unangenehm, und ich muß sinngemäß geantwortet haben, daß ich eine solche Feststellung gerade von ihr als Marxistin am wenigsten erwartet hätte. Zu meiner Verblüffung sagte sie darauf: „Ich bin keineswegs eine Marxistin, ich bin vor wenigen Wochen zur katholischen Kirche übergetreten!" Ich weiß nicht

mehr, was an jenem Abend weiter gesprochen wurde. Diese Mitteilung machte auf mich einen überaus starken Eindruck. Als ich schlafen gegangen war, kreisten meine Gedanken noch lange um das Gespräch. Wie war die Konversion einer so gescheiten Person zu vereinbaren mit den Vorstellungen, die ich von Rom hatte? War es nicht meine Pflicht, diese Vorstellungen auf ihre Richtigkeit zu prüfen? Wußte ich nicht viel zu wenig aus eigenem Studium von der katholischen Kirche? Hatte ich nicht einfach die Auffassungen meines einstigen Religionslehrers nur deshalb übernommen, weil er mir als Persönlichkeit imponiert hatte? – Die Nichte der Frau Waldeck habe ich in späteren Jahren aus den Augen verloren. Ich hörte noch, daß das hübsche, kluge Mädchen nach England emigrierte, in einen katholischen Orden eintrat und dort als Lehrerin tätig war.
Nach solchen Erlebnissen ergab es sich von selbst, daß ich mich von nun an mehr an den Maler Kern anschloß und oft mit ihm über seine Kirche sprach. Dabei erwies er sich als theologisch sehr gebildet und ebenso in der Kirchengeschichte bewandert. Nicht ohne starken inneren Widerstand mußte ich erkennen, daß die eine oder andere Vorstellung, die ich von der katholischen Kirche hatte, auf reinen Vorurteilen beruhte, die der Wirklichkeit nicht entsprachen. Ich bemerkte sehr bald, wie mein ganzes Weltbild zu wanken begann und ich immer wieder zu meinem Erschrecken feststellen mußte, daß die Erklärungen Kerns mein rätselhaftes Erlebnis in der Narkose erhellten. Sie waren gleichsam die Deutung des Traumes!

In dieser Phase meiner inneren Entwicklung geschah es, daß eine weitere Person ganz unerwartet in Wien auftauchte: mein Jugendfreund Werner Knapp mit seiner Frau Sigrid. Das war eine große Überraschung – ich hatte seit Jahren nichts mehr von ihm gehört! Er war Dozent für Architektur in Prag geworden und kam nach Wien, um hier einige Monate lang Fachstudien an der Universität zu betreiben. Die Wiedersehensfreude trübte sich bald, als ich bemerkte, daß er, ebenso wie seine Frau, dem nationalsozialistischen Gedankengut zuneigte – für mich unbegreiflich und erschütternd, weil gerade dieses mir schlechterdings unvereinbar mit dem Geist schien, der in seiner hochkultivierten Familie geherrscht hatte. Mein Freund Werner war ein sehr feingebildeter Mann. Er war damals schon ein bekannter Burgenforscher und Mitarbeiter von Dehio. Zu seiner Charakterisierung sei erwähnt, daß er sich später am Weißensee in Kärnten niederließ und dort ein kleines Buch verfaßte, welches das Weißenseegebiet im Laufe des Jahreskreises darstellt und so großartige Naturschilderungen enthält, daß sie ihrem künstlerischen Rang nach denen Adalbert Stifters nahezu gleichzustellen sind. Werner Knapp war also ein tief empfindender, durchgeistigter Mensch. Was seine religiösen Vorstellungen anbelangt, so erinnere ich mich, daß er früher einmal in einer kleinen Gesellschaft als „homo religiosus" eingestuft wurde, während man mich als den „homo practicus" bezeichnete. Das hatte mich damals ein wenig gekränkt, aber etwas Richtiges war an diesem Urteil gewesen. Erst in späteren Jahren, als ich selbst einen festeren Standpunkt gewonnen hatte, bemerkte ich, daß Werner im religiösen Bereich das war, was man einen „Spintisierer" nennt. Er war evangelisch getauft, hatte sich aber als Erwachsener seinen eigenen Glauben gebildet, sich von allen religiösen Bindungen losgesagt und nannte die evangelischen Pfarrer spöttisch „Gottesbeamte".

Mit dem Ehepaar Knapp stieß nun ein neues, geradezu explosives Element zu dem Freundeskreis in der Wattmanngasse. Es lernte dort auch bald den Maler Kern kennen. Sehr rasch traten daraufhin die religiösen Gespräche ganz in den Vordergrund. Zu meinem Erstaunen war Kern in den Diskussionen meinem alten Freund klar überlegen. Ruhig und sachlich legte er seine katholischen Ansichten dar. Werner stellte ihnen seine eigenen, geistreichen Konstruktionen gegenüber, und siehe da, was ich nicht erwartet hätte, geschah: Das katholische Glaubensgut leuchtete dem Verstand ein, während die Darlegungen meines Freundes sehr subjektiv und nebulos blieben. Werner erkannte bald, daß ich „katholisierte", ja im Begriff war, mich der katholischen Kirche ernsthaft zu nähern. Das war nun der Anlaß dafür, daß wir beide auch unter vier Augen über unsere religiösen Auffassungen sprachen, wobei er mit allen Mitteln versuchte, mich von dem eingeschlagenen Weg abzubringen. Es zeigte sich, daß er ein radikaler Gegner der katholischen Kirche geworden war. Er sagte

mir unumwunden, ich wäre ein „Verräter“, sollte ich zu dieser Konfession übertreten. Rom sei der Antichrist, die römische Kirche habe die ganze Welt mit einem geistigen Spinnennetz überzogen: Der Papst sitze wie eine große Spinne in der Mitte des Netzes, und jeder, der sich in diesem verfange, werde geistig absorbiert, gleichsam verspeist. Er geriet außer sich bei dem Gedanken, ich könnte mich „als Deutscher“ in die Gefahr begeben, in dieses Netz zu geraten.
Beim Argumentieren bediente er sich geschichtlicher Kenntnisse als Waffen, denen ich nicht viel entgegenzusetzen hatte, weil ich damals noch zu wenig von der Kirche wußte, um mich wirksam verteidigen zu können. Dennoch wurde im weiteren Verlauf der Religionsgespräche in der Wattmanngasse jedesmal deutlicher, daß der Katholik Kern über die besseren Argumente verfügte und damit meinen Jugendfreund „besiegte“. Hatte ich in früheren Jahren die oft mystischen Auffassungen Werners bewundert und mich meiner eigenen religiösen Gleichgültigkeit geschämt, so war nun mein Mißtrauen geweckt, und ich verglich seine Vorstellungen mit den Lehrmeinungen der katholischen Kirche, die mir bei weitem klarer und realistischer erschienen.
In einer guten Stunde erzählte ich Werner auch mein Erlebnis in der Narkose. Er hörte aufmerksam zu und meinte dann, das sei eben eine Art Traum gewesen, der auf mich auch wegen der starken Schockwirkung des vorangegangenen Unfalls einen solchen Eindruck gemacht habe. In Wirklichkeit könne man daraus keine wie immer gearteten Folgerungen ziehen.

Werner Knapp kam damals auch wiederholt darauf zu sprechen, warum er Vegetarier geworden sei, was mir bei unserem Wiedersehen aufgefallen war. Er selbst brächte es nicht fertig, ein Tier, beispielsweise ein Kälbchen, zu töten. Gegen eine solche Handlungsweise hätte er eine unüberwindliche Abneigung. Wenn er nun aber zum Beispiel ein Kalbsschnitzel esse, so mute er einem anderen Menschen eine Handlung zu, deren er selbst nicht fähig wäre. Der Fleischhauer habe von Natur aus denselben Widerwillen gegen die Tötung eines Tieres, stumpfe aber durch Gewohnheit ab. Die Tötung eines Tieres sei eine unsittliche Tat, und man dürfe eine solche keinesfalls einem anderen Menschen zumuten bzw. durch den eigenen, gedankenlosen Fleischgenuß mitverschulden. Tatsächlich aß mein Freund konsequent kein Fleisch mehr, was ich recht bewunderte, wenn ich auch seinen Beweggründen nicht folgen konnte.

Jahre später, gegen Ende des Zweiten Weltkrieges – ich war längst katholisch geworden –, besuchte mich Freund Knapp wieder anläßlich seiner Durchreise durch Wien. Er war Soldat, kam aber in Zivil, und das erste, was ich zu meinem Schrecken bemerkte, war ein Parteiabzeichen an seinem Rock. Wir saßen im „Meisel und Schaden“ am Neuen Markt, und Werner erzählte mir seelenruhig, daß er gerade aus Jugoslawien komme, wo er „wehrtechnische Untersuchungen“ im Auftrag des Reichsführers der SS, Himmler, durchführe. Es war der Herbst 1944. Wenn zu Anfang des Hitler-Regimes manche Unwissenheit noch entschuldbar gewesen sein mochte – im Jahr 1944 war sie das nicht mehr. Jedermann wußte, was in den Konzentrationslagern geschah und welche Rolle Himmler, von dem Knapp mit sichtlicher Hochachtung sprach, dabei spielte. Ich war über diese Ausführungen entsetzt und beschloß, mir angesichts einer solch ungeheuerlichen Naivität keine Bemerkung entlocken zu lassen, die mich den Kopf hätte kosten können. Was war aus dem sensiblen Sittlichkeitsempfinden geworden, das ich einst so bewundert hatte? An dieses Erlebnis erinnerten mich später die Worte der Mutter des Gauleiters Schirach, die beim Nürnberger Prozeß über ihren Sohn unter anderem aussagte: „Mein Sohn war immer ein feinsinniger Lyriker.“ Den Ausspruch kann ich deshalb nicht vergessen, weil ich während der Amtszeit Schirachs in unserer Fabrik einen Angestellten hatte, der mit dem Gefängnisgeistlichen des „grauen Hauses“ in Wien befreundet war. Von ihm erfuhr ich in allen Einzelheiten, wie viele Parteigegner dort Woche für Woche hingerichtet wurden: Alle ihre Todesurteile waren vom Gauleiter unterfertigt. In einem ähnlichen Sinne war auch mein Freund Knapp ein „feinsinniger Lyriker“. Er hat zwar gewiß keine Kriegsverbrechen begangen, obwohl er auf Grund einer Namensverwechslung sogar eine Zeitlang unter dieser Anklage in Haft war; aber er war das, was man einen „Edelnazi“ nannte: der Wirklichkeit gegenüber partiell erblindet.

Eben dieser Mangel an Realitätssinn war es, der mir auch damals bei den religiösen Gesprächen im Kreis der Frau Waldeck an ihm auffiel. Theodor Kern sagte nichts „Eigenes“, er legte nur die Thesen der katholischen Kirche dar: Sie waren wahr in dem Sinne, daß sie der Wirklichkeit, der natürlichen und der geoffenbarten, entsprachen. Freund Knapp dagegen dozierte seine Ansichten, die zwar originell wirkten, aber die Wirklichkeit weithin verfehlten! Ich wußte nicht, daß mein Jugendfreund, mit dem ich wie ein Bruder aufgewachsen war, einmal der Partei Hitlers beitreten würde. Die Kluft jedoch, die zwischen unseren Ansichten mehr und mehr sichtbar wurde, ließ schon eine gewisse Entfremdung fühlbar werden. Noch war ich keineswegs entschlossen, katholisch zu werden. Im Gegenteil, die Möglichkeit, daß mich mein Weg konsequenterweise in die katholische Kirche führen könnte, erschreckte mich beinahe. So gesehen war Knapps Anwesenheit in Wien ein gefährliches Hindernis für meine Entwicklung, denn vieles, was Werner über die katholische Kirche sagte, gab meinen eigenen, tief eingewurzelten Vorurteilen neue Nahrung. Es war daher eine besondere Fügung, daß er seine Studien in Wien früher als erwartet beendete und auf seinen Lehrstuhl nach Prag zurückkehrte. Mit neuem Eifer, geweckt durch die Kontroversdiskussionen zwischen Knapp und Kern, verlegte ich mich nun auf die Lektüre katholischer Bücher. Von zwei einander widersprechenden Behauptungen konnte nur die eine wahr und mußte die andere falsch sein. Ich hatte wenigstens so viel begriffen, daß ich selbst vorläufig viel zu wenig wußte und noch keines eigenen Urteils über die Kirche fähig war.

Mit Theodor Kern befreundete ich mich mehr und mehr, obwohl mich manches an ihm noch immer recht fremd berührte. Eines Abends brachte ich ihn mit meinem Auto nach Hause in sein Atelier in der Rotenturmstraße. Wir fuhren durch die Kärntner Straße, es war schon gegen halb elf Uhr. Im Gespräch ließ ich die Bemerkung fallen, er solle mir doch einmal erklären, was eigentlich eine Messe sei. Er freute sich sichtlich über meine Frage, bat mich, sofort anzuhalten und meinte, er könne gleich anfangen, mir das zu erklären, denn er habe gerade seinen „Schott“ bei sich. Trotz der vorgerückten Stunde gingen wir also in ein

Kaffeehaus, und Kern begann unverzüglich mit dem Unterricht. Gewiß konnte er mir an jenem Abend nur einige Grundgedanken vermitteln. Dennoch spürte ich eine neue Welt, die mich da berührte, eine Welt, von der ich keine Ahnung gehabt hatte. Ich dachte zu Hause lange darüber nach und nahm mir vor, einmal einer solchen Messe beizuwohnen. Das tat ich auch. Ich stand eines Tages in scheuer Distanz hinter einem Pfeiler im Stephansdom und erlebte eine stille Messe, die am Sakramentsaltar zelebriert wurde. Wie soll ich heute, nach so vielen Jahren, die Wirkung auf mich beschreiben? Ich glaube, ich fühlte zum erstenmal in meinem Leben das, was man „sakral" nennt. Ich meinte, nun ein wenig zu verstehen, warum Katholiken, wenn sie von der Messe sprachen, immer die Worte *„heilige* Messe" gebrauchten. Jedenfalls zog es mich nun öfters in den Dom, aber ich sprach darüber kaum mit Theodor Kern, weil ich eine starke Scheu hatte, über innere Erlebnisse zu reden.

An ein Ereignis anläßlich eines solchen Besuches in St. Stephan erinnere ich mich noch besonders deutlich: Es war irgendein kirchlicher Festtag, und der damalige Kardinal Innitzer zog mit der Cappa magna, einer langen, purpurnen Schleppe, die hinten von zwei Ministranten getragen wurde, durch das sogenannte Riesentor in den Dom ein. Im ersten Augenblick tauchte in mir die alte Vorstellung auf: „Machtkirche!" (Oder triumphalistische Kirche, wie man heute sagen würde.) Meine Blicke hingen an dem langsam vorwärts schreitenden Kardinal. Als er zum Sakramentsaltar kam, kniete er auf beide Knie nieder, wandte den Blick nach oben und betete. Da fiel mir das andächtige Gesicht des Kardinals auf; nichts von Triumphalismus in seinen Zügen, vielmehr etwas ganz anderes: kindliche Demut! Auf dem Heimweg dachte ich wieder an das Bild der Kirche, wie es sich mir durch den *Großinquisitor* eingeprägt hatte. Wie stimmte das überein mit dem, was ich nun selbst erlebt hatte? Konnte man aber von der geistigen Haltung eines einzigen Kardinals – des ersten, den ich überhaupt gesehen hatte – auf den Geist der Kirche schließen? Mußte man nicht die vielen historischen Fakten prüfen, die eine ganz andere Sprache sprachen als die Haltung dieses Kardinals?

Das Entscheidende war damals, daß ich meine bisherigen Überzeugungen endgültig als ungeprüfte Vorurteile erkannte; daß ich mein Ziel, die Wahrheit finden zu wollen, nicht mehr aus den Augen verlor. Auch sagte ich mir: Wenn die katholische Kirche wirklich das war, als was sie sich selbst bekannte, nämlich die Kirche Jesu Christi, mußte sie dann am Ende der Zeiten nicht aus einer inneren Notwendigkeit heraus „triumphieren", nach all den furchtbaren Demütigungen und Verfolgungen, die sie in der Welt zu erleiden gehabt hatte? Meine Besuche im Stephansdom wurden noch häufiger. Immer waren es der Sakramentsaltar und die Messe, die dort gelesen wurde, was mich besonders anzog. Ich hörte bei dieser Gelegenheit öfters auch Predigten oder kleine Ansprachen im Dom. Jedesmal zog ich wieder Vergleiche mit dem, was ich von Kern erfuhr, und auch mit meinem Erlebnis in der Narkose, das nie aufhörte, wie eine „Unruhe" in mir zu wirken. Was sich in meiner Seele damals vollzog, ist schwer zu beschreiben. Im wesentlichen war es so, daß all die Vorstellungen, die ich mir seit meiner Jugend gebildet hatte, verblaßten und gewissermaßen unter diesem alten Bild etwas Neues entstand. Es war ein stetiges Wachstum hin auf den Glauben an einen lebendigen, persönlichen Gott, an die Menschwerdung der zweiten göttlichen Person, und nun, als die Folge jahrelangen Suchens, auch an die eine, römisch-katholische Kirche.
Doch war – insgesamt gesehen – mein geistliches Wachstum kein gleichmäßiges, sondern vollzog sich in Sprüngen. Dazwischen gab es Perioden des Zweifels, quälende Gedanken, ob ich auf dem richtigen Weg sei oder mir bloß etwas vormache. Solche Gedanken kamen in Abständen immer wieder, obgleich ich Stunden zuvor noch geglaubt hatte, völlig richtigen und sicheren Einsichten zu folgen. Dennoch lernte ich allmählich, die gültigen Erkenntnisse von einem ungebührlichen Festhalten an alten Vorstellungen zu unterscheiden. So reifte der Glaube an die Kirche als die „una sancta catholica et apostolica ecclesia" in mir heran – zu meinem eigenen Erschrecken, wie ich noch deutlich in Erinnerung habe. Natürlich war der Aspekt ein doppelter: Einerseits beglückte mich die Wahrheit in einer nie geahnten Weise; andererseits fürchtete ich mich vor den vielfältigen Konsequenzen, die bedrohlich vor meinen Augen standen.

Ganz bewußt wurde mir das alles eines Tages im Verlauf einer Unterredung mit dem Rechtsberater unserer Fabrik in Wien, einem alten jüdischen Rechtsanwalt. Dieser Dr. Hajek hatte sich in vielen schwierigen Situationen bewährt, und ich hatte ihn auch als Menschen und väterlichen Freund schätzen gelernt. So kam ich, selbst wenn nichts Konkretes vorlag, alle paar Wochen zu ihm, um aus dem großen Schatz seiner Erfahrungen zu lernen. Ohne ihn hätte ich mich in der Wiener Geschäftswelt schwerlich zurechtfinden können. Er verfügte über große Weisheit und ein profundes philosophisches Wissen; besonders bewandert war er in der Philosophie des Plato und des Aristoteles, was zu bewundern ich oft Gelegenheit hatte. Religiös war er ungebunden, ein liberaler Jude. An Österreich hing er sehr, aber auch für Deutschland empfand er – tragischerweise – eine starke Liebe. Als nun Dr. Hajek im Gespräch von meiner Absicht, zur katholischen Kirche überzutreten, hörte, erschrak er sichtlich. Er hatte zwar große Hochachtung vor der katholischen Kirche, seine Befürchtungen bezogen sich jedoch auf die zu erwartenden Konsequenzen, die er klar voraussah: „Aber lieber Freund! Der Zeitpunkt ist doch völlig inopportun! Hitler steht vor der Tür. Ihr Generaldirektor ist ja ein durchaus toleranter Mann, aber Sie müssen auch mit anderen Einflüssen rechnen und gefährden durch einen solchen Schritt Ihre ganze Zukunft! Warten Sie doch zu, übereilen Sie nichts, ich glaube nicht an eine lange Dauer des Hitler-Regimes. Vielleicht ist das Ende schneller da, als wir jetzt denken; dann können Sie immer noch tun, wozu Ihre Überzeugung Sie drängt." Seine Worte kamen, das wußte ich, aus einem wohlwollenden Herzen. Aber dagegen stand die Mahnung des Apostels Paulus, man müsse der Wahrheit folgen – gelegen oder ungelegen. Immerhin traf sich der Gedankengang Hajeks mit meinen eigenen, sehr ähnlichen Befürchtungen. Wochenlang gingen mir seine Warnungen im Kopf herum und erzeugten in mir, mehr als bisher schon, eine latente Unruhe, einen ständigen Kampf zwischen Ja und Nein – ein Schwanken, das sich bald auch auf Dispositionen im Alltag zu erstrecken begann. Endlich kam die Entscheidung auf eine ungewöhnliche und unerwartete Weise.

9. Der Verlust der Finger

In jener Zeit erlebte ich Tage und Wochen, in denen ich fest entschlossen war, meine Glaubenseinsichten in die Tat umzusetzen und der katholischen Kirche beizutreten. Dann kamen wieder qualvolle Tage und Wochen des Zögerns, in denen scheinbar vernünftige Gründe die Oberhand gewannen, Gründe, die mir mein Freund Hajek ja auch vor Augen gehalten hatte. Ich fühlte buchstäblich, wie zwei Haltungen in meiner Seele um den Sieg rangen: meine Liebe zur Wahrheit und mein Wunsch nach einem unbehelligten, bequemen Leben. Eines Tages wurde mir voll bewußt, wie die innere Unsicherheit auch auf meine äußeren Handlungen übergriff. Ich suchte nach Entspannung und gab meiner Sekretärin den Auftrag, mir Fahrkarten für einen Zug zum Arlberg zu besorgen; denn ich dachte, daß mich ein paar Tage Skifahrens beruhigen würden. Ohne sichtlichen Grund ließ ich die Karten am nächsten Tag wieder stornieren. Warum? Kein neuer Gesichtspunkt hatte mich bewogen, meinen Entschluß zu ändern; jedenfalls war mir keiner bewußt.

Einen Tag später ging ich um die Mittagszeit in den Fabrikshof zu meinem Auto, um nach Hietzing essen zu fahren, wie ich es täglich zu tun pflegte. In einem Parterrelokal hatten wir damals gerade eine neue Kardiermaschine aufgestellt, die zur Herstellung von Verbandwatte diente. Jeden Tag ging ich dort auf einen Sprung hinein, um mich zu überzeugen, wie sich die Erzeugung mit dem erst angelernten Arbeiter anließ. So geschah es auch an jenem Tag. Ich ging, ehe ich das Auto holte, in den Maschinenraum, noch bekleidet mit einem weißen Arbeitsmantel, wie ihn jeder tragen mußte, der im Betrieb zu tun hatte. Ich kam gerade dazu, wie der Arbeiter eine Störung in der Maschine zu beseitigen suchte: beim Einzug hatte sich eine sogenannte „Wuzel" aus Fasern gebildet, die er aus der Einzugswalze herausziehen wollte. Zu diesem Zweck hatte er die Abdeckung der schweren Maschine geöffnet, wodurch die zahlreichen schnell rotierenden, mit

Stahlstiften belegten Walzen freilagen – ein Zustand, der besondere Vorsicht erfordert. Ich versuchte, dem Arbeiter zu helfen und ihm zugleich zu erklären, daß er sein Werkzeug, einen Stichel, unrichtig halte. Bei diesem Bemühen geschah das Unglück. Der etwas abstehende Ärmel meines Arbeitsmantels wurde von einer Walze erfaßt. Mit einem Ruck wurde meine linke Hand von einem Walzenpaar in die Maschine gezogen. Zu meinem Glück ergriff ich mit meiner rechten Hand den betroffenen linken Arm und zog mit all meinen Kräften rückwärts. Dadurch konnte ich zwar die erfaßte Hand nicht herausziehen, aber doch verhindern, daß der ganze Arm Stück für Stück in die Maschine geriet, wobei er mir schließlich abgerissen worden wäre. Dafür schabten die feinen Stahlstifte meine Finger bis auf die Knochen ab – dank der Schockwirkung ohne daß ich momentan Schmerzen verspürt hätte. Der Arbeiter, der den Unfall sofort erfaßt hatte, erschrak so, daß er leichenblaß wurde. Er wußte, daß die Masse der rotierenden Elemente gar nicht auf einmal gebremst werden konnte und daher die Gefahr fortbestand, daß mein ganzer Arm verlorenging. Geistesgegenwärtig riß er den Antriebsriemen von der Maschine und hängte sich mit seinem eigenen Gewicht an das Antriebsrad, um so wenigstens den Auslauf der beweglichen Teile abzukürzen. Dennoch dauerte es noch einige lange Minuten, bis die Räder stillstanden und man mich durch Rückwärtsdrehung der Walzen endlich aus meiner gefährlichen Lage befreien konnte. Meine Hand kam dadurch wieder zum Vorschein, an der Oberseite relativ unverletzt, die Innenfläche aber eine blutige Masse. Unverkennbar mußte ich sofort operiert werden. Inzwischen waren viele Leute zusammengelaufen, es gab eine große Aufregung, man überbot einander an Vorschlägen, was bis zum Eintreffen des Rettungswagens zu tun sei. Das war der äußere Ablauf des Ereignisses. Der parallele innere Ablauf, gleichsam der Innenaspekt, war ganz anders.

Im Augenblick des Schocks und gleichzeitig mit der geschilderten mechanischen Abwehrbewegung wußte ich mit einer Klarheit, die nun keine Zweifel mehr zuließ: der monatelange Kampf ist beendet, die Unsicherheit vorbei, ich folge meiner Einsicht, ich werde katholisch! Diese im Moment des Unglücks erlebte

Sicherheit machte es aus, daß ich zur Überraschung meiner Umgebung der Ruhigste von allen blieb, keine Aufregung zeigte, nur klar und eindeutig meine Anordnungen gab, wohin und zu welchem Arzt ich gebracht werden wollte. Das war das Seltsame dieses Erlebnisses, daß ich zwar alle äußeren Umstände mit großer Klarheit auffaßte, daß sich aber in der Sekunde des Geschehens etwas Entscheidendes in mir verändert hatte: Ich „wußte" mit einer bisher unbekannten Bestimmtheit, was ich nun zu tun hatte, und tatsächlich zeigte sich in der kommenden Zeit der äußeren Vorbereitungen meines Übertritts zur katholischen Kirche kein Zögern, kein Schwanken, keine Unsicherheit mehr, kurz, nichts mehr von den Unklarheiten, unter denen ich in der Vergangenheit so gelitten hatte.

Ich kam nun also in das Unfallspital und wurde dort von jenem Schüler Professor Böhlers operiert, der einige Jahre zuvor meinen verletzten Fuß endgültig wiederhergestellt hatte. Die Operation dauerte einige Stunden und erfolgte bei vollem Bewußtsein, aber ich war gelassen und unbeteiligt, weil ich ganz mit dem beschäftigt war, was nun so sichtlich in mir vorgegangen war und sich so eindeutig entschieden hatte. Schon damals kam mir ein Vergleich aus der Physik in den Sinn, nur bildhaft natürlich, aber doch das veranschaulichend, was meine plötzliche Entscheidung herbeigeführt hatte. In einer Physikstunde während der Schulzeit hatten wir einmal einen Versuch mitangesehen, der das Prinzip des unterkühlten Wassers demonstrieren sollte: In einem Glaskolben wurde Wasser unter den Gefrierpunkt abgekühlt, etwa auf minus fünf Grad. Bei dieser Temperatur hätte das Wasser bereits zu Eis erstarrt sein sollen, blieb aber flüssig, weil es völlig ohne Erschütterung abgekühlt worden war. Nun klopfte der Lehrer an den Glaskolben, und siehe da, in einem Augenblick holte das Wasser das nach, was schon überfällig war, nämlich den Prozeß des Übergangs in den festen Aggregatzustand. Diese Parallele zu einem seelischen Vorgang, wie ich ihn erlebte, mag weit hergeholt sein. Aber das Bild kam mir damals oft in den Sinn, als ich darüber nachdachte, was mir geschehen war.
Ich lag also wieder in einem Spital katholischer Schwestern, aber diesmal bat ich schon am folgenden Tag eine von ihnen, sie möge

mir die Freundlichkeit erweisen, Professor Michael Pfliegler anzurufen mit der Bitte, mich zu besuchen. Das war jener Professor, dessen Vortrag ich im Kulturbund gehört und der einen so großen Eindruck auf mich gemacht hatte. Die Schwester kam zurück und kündigte mir den gewünschten Besuch für den nächsten Tag um 15 Uhr an. Trotz meiner inneren Sicherheit sah ich nun dieser Begegnung mit einer gewissen Unruhe entgegen. Ich hatte noch nie mit einem katholischen Priester gesprochen. Ich hatte auch niemandem etwas von meiner bevorstehenden Konversion anvertraut, nicht einmal Theodor Kern, der mir doch auf meinem Weg so viel geholfen hatte! Was sollte ich eigentlich Professor Pfliegler sagen, und wie sollte ich meinen Entschluß begründen?

Tags darauf kam der mir persönlich ganz unbekannte Professor Pfliegler in mein Zimmer. Er war sichtlich erstaunt, einen ihm völlig fremden Patienten vorzufinden, und begann ein belangloses Gespräch über die Ursache meines Hierseins; aber ich war so erfüllt von meinem Vorhaben, daß ich schon nach wenigen Worten herausplatzte: „Ich habe Sie gebeten, mich zu besuchen, weil ich entschlossen bin, katholisch zu werden." Ich hatte erwartet, er würde dieses Thema gleich zielbewußt aufgreifen, und war ganz erstaunt, daß er eher ablenkte und meinte, ich sollte doch zuerst einmal gesund werden und ihn danach gelegentlich besuchen; dann könnten wir ja weitersehen. Wir sprachen noch dieses und jenes, und ich war beeindruckt von seiner großen Natürlichkeit. Immer mehr wurde mir im Laufe der Unterhaltung bewußt, wie ganz offensichtlich falsch das Bild war, das ich von einem katholischen Priester zu diesem Zeitpunkt noch hatte. Wir verblieben dahingehend, daß ich ihn in seiner Wohnung aufsuchen würde, sobald ich das Spital verlassen hätte. Das war also mein erster offizieller Schritt. Wochen später besuchte ich, wie vereinbart, Professor Pfliegler in Döbling und erhielt meine erste Unterrichtsstunde.

Im ganzen dauerte der Unterricht etwa drei Monate. Während dieser Zeit begegnete ich bei Frau Waldeck zum erstenmal einem Menschen, der später, nach meiner Konversion, eine große

Bedeutung für mich gewinnen sollte, nämlich dem Philosophen Dietrich von Hildebrand[5], mit dem der Maler Kern eng befreundet war. Hildebrand hatte in München einen Lehrstuhl für Philosophie inne, war nach der Machtergreifung Hitlers nach Österreich emigriert und lehrte nun an der Wiener Universität. Er war für die Nationalsozialisten ein ideologischer Feind ersten Ranges, und Himmler selbst hatte den Befehl gegeben, Hildebrand, sollte man seiner habhaft werden, sofort zu erschießen. Die Persönlichkeit Hildebrands machte auf mich schon bei dieser ersten Begegnung in der Wattmanngasse einen großen Eindruck; ich ahnte freilich nicht, was ich diesem bedeutenden Menschen auf meinem weiteren Weg noch zu verdanken haben würde.

Der Unterricht bei Professor Pfliegler beschränkte sich – wie ich damals bloß vermutete und erst später ganz überblickte – auf die katholischen Grundwahrheiten, ging aber nicht in die Breite. Ich hatte gleich zu Beginn mein Erlebnis in der Narkose erwähnt, und vielleicht glaubte Pfliegler deshalb, schon viele Voraussetzungen bei mir vorzufinden. Ich selbst wiederum nahm die fundamentalen Glaubenslehren der katholischen Kirche leichter auf als manch anderer Schüler, und so setzte mein Lehrer schon nach knapp drei Monaten den 21. Juni 1937 als den Tag meiner Aufnahme in die heilige Kirche fest. Mein Glaube war damals folgender: All die Jahre des Nachdenkens nach meinem Erlebnis in der Narkose hatten in mir die tiefe Überzeugung heranreifen lassen, daß das ganze Universum von einem gewaltigen Schöpfergeist getragen werde, der alle Dinge verursacht hat und fortwährend am Leben erhält. Ferner war ich überzeugt, daß Jesus Christus wahrhaft der eingeborene Sohn dieses lebendigen Gottes sei. Schließlich hatte sich in mir die volle Glaubensüberzeugung gefestigt, daß die römisch-katholische Kirche die wahre Kirche sei, die Christus gemeint hat, als er zum Apostel Petrus die Worte sprach: „Du bist Petrus, und auf diesen Felsen will ich meine Kirche bauen"; und daß Christus wahrhaftig und wirklich als die Seele dieser Kirche in ihr bis zum Ende der Zeiten fortleben werde. Es war mir durchaus klar, daß ich noch bei weitem nicht das ganze gewaltige Lehrgebäude der katholischen Kirche vor mein geistiges Auge bekommen hatte; ich war jedoch vollkommen bereit, alles für wahr zu halten, was die Kirche lehrt, weil ich inzwischen zu der felsenfesten Überzeugung gelangt war, daß erst mit einem derart bedingungslosen Glauben an die Kirche die letzte Konsequenz aus meinen religiösen Einsichten gezogen sei.

Wie schon erwähnt, war meine Scheu, mit anderen – selbst befreundeten – Menschen über meine religiösen Erlebnisse zu sprechen, sehr groß. So erfuhr auch niemand etwas davon, daß der 21. Juni mein Konversionstag werden sollte. Auch Frau Waldeck verschwieg ich alles, ich wollte das große Ereignis möglichst ohne Zeugen begehen. Die Haushälterin Pflieglers, eine Verwandte von ihm, war zu meiner Taufpatin ausersehen worden. Ich sollte „bedingt", aber eben doch getauft werden, weil verschiedene Umstände Anlaß zum Zweifel an der Gültigkeit meiner als Kind empfangenen Taufe gaben. Jedenfalls konnte nach katholischer Auffassung meine Taufe ungültig gewesen sein. Das war auch der Grund, warum ich unmittelbar nach der feierlichen Taufe zum erstenmal eine Lebensbeichte ablegen mußte. Denn es stand eben nicht mit Gewißheit fest, daß meine Kindheitstaufe tatsächlich ungültig gewesen war. Für den Fall, daß jene – entgegen der Wahrscheinlichkeit – doch vor Gott gültig vollzogen worden sein sollte, war nun meine zweite – also die katholische – Taufe ungültig und konnte deshalb auch nicht die Kraft der Sündentilgung haben, die jede gültige Taufe sonst hat.

Am Morgen des 21. Juni stand ich früher auf als sonst. Das Frühstück ließ ich mir wie gewöhnlich geben, nahm es aber nicht zu mir, sondern schüttete den Tee weg, um Frau Waldeck nicht aufmerksam zu machen, die – wie sich noch zeigen sollte – schon Wochen zuvor einen gewissen Verdacht geschöpft hatte. Ich fuhr also in aller Frühe mit dem Auto von Hietzing nach Döbling in die Karmeliterkirche, wo Professor Pfliegler mit seiner Verwandten schon auf mich wartete. Die Taufe wurde nach dem großen Ritus sehr feierlich vollzogen. Ich mußte dem alten Irrtum abschwören und war von der Bedeutungstiefe der Zeremonie sehr bewegt. Nach der Taufe sollte ich während der heiligen Messe das erstemal kommunizieren. Vorher aber hatte ich aus den dargelegten Gründen die heilige Beichte abzulegen.

Ich schritt neben Professor Pfliegler in die Kapelle, in der alles für die Meßfeier vorbereitet war, aber zu meiner Überraschung ging Professor Pfliegler am Beichtstuhl vorbei und strebte der Sakristei zu – ganz offensichtlich hatte er meine Beichte vergessen. Meine Scheu vor dieser ersten Beichte war groß – begreiflich, da ich ja als Protestant nie gebeichtet hatte. Für Bruchteile einer Sekunde war ich versucht, nichts zu sagen, um dem unangenehmen Teil dieses sonst so ersehnten Tages zu entgehen. Blitzartig tauchte der Gedanke auf: „Wenn sogar der Priester darauf vergißt, ist die Beichte vielleicht doch nicht nötig; wahrscheinlich war der Pfarrer meiner Kindheit ohnehin im katholischen Sinn gläubig ..." Aber dann erinnerte ich Professor Pfliegler dennoch an die Beichte. Mit großer Natürlichkeit, aber auch ein wenig erschrocken, sagte dieser: „O je, das hätt' ich jetzt wirklich vergessen!", und zog mich zum gefürchteten Beichtstuhl.

Danach erlebte ich zum erstenmal tief ergriffen die heilige Messe, nicht mehr als Beobachter, wie so oft in der Stephanskirche am Josefsaltar, sondern als Mitglied der römisch-katholischen Kirche. Ich hatte das Tor durchschritten, und die Bedeutung dieses Augenblicks für mein Leben war mir voll bewußt. Dann die erste heilige Kommunion: Ich kann nicht sagen, daß ich dabei eine besondere Andacht empfunden, daß ich irgendwelche Gefühle besonderer Art beim Empfang dieses Sakramentes gehabt hätte. Es war für mich alles so unbeschreiblich neu, daß ich eben nur die tiefe Bedeutsamkeit der Stunde und die Tragweite meines Entschlusses erfassen konnte.

Eine nachträgliche Deutung dieses Empfindens wurde mir einige Monate nach meiner Konversion zuteil: Ich hatte ein paar Tage in Salzburg zu tun. Damals besuchte ich öfter auch während der Woche die heilige Messe und erlebte dabei besonders intensiv die außerordentliche Schönheit der Franziskanerkirche. Ich ging auch zur Beichte, und als ich mich abends schlafen legte und den Tag so überdachte, sagte ich mir: „Man empfindet offenbar nicht bei jeder Beichte nach der Lossprechung auch eine subjektive Erleichterung." Mit diesem Gedanken beschäftigt, schlief ich ein.

Am frühen Morgen erwachte ich nach folgendem seltsamen Traum: An einer Reckstange vollführte ein Mann verschiedene Übungen. Kraftvoll und gewandt machte er die Kippe, eine Welle und dergleichen. Ich sah bewundernd zu. Aber plötzlich stürzte er zu Boden. Ermattend und mit versiegender Kraft sah er mich mit großen Augen an, und ich erkannte, daß der so vitale Mann ein Sterbender war. Seine Augen noch immer auf mich gerichtet, sagte er eindringlich zu mir: „*sacramentis*“ – und verschied. Schon während er mich so intensiv anblickte, hatte ich erschauernd erkannt: Das bin ja ich selbst! Kaum hatte er sein einziges Wort „*sacramentis*“ gesprochen, erwachte ich, den merkwürdigen Traum lebhaft im Gedächtnis. Beim Erwachen erschrak ich zutiefst. Es war mir rätselhaft, was das Wort bedeuten sollte, das der Mann gesprochen hatte. Ich habe nie Latein gelernt. Auf dem Weg zur Kirche traf ich zufällig meine spätere Frau. Wir begrüßten einander, aber ich erzählte nichts von dem seltsamen Traum, sondern fragte nur so nebenbei, was das lateinische „sacramentis“ bedeute. Ich erhielt die Antwort: das sei der 3. oder 6. Fall Mehrzahl des Wortes sacramentum und heiße entweder „den Sakramenten, für die Sakramente“ (3. Fall) oder „mit den Sakramenten, durch die Sakramente“ (6. Fall). Da erzählte ich doch meinen Traum. Denn wenn „sacramentis“ auch die Bedeutung „durch die Sakramente“ hatte, dann war ja der Traum wie eine Antwort auf die Frage, mit der ich eingeschlafen war; seine Deutung schien mir nun ganz einfach: Der Turner war mein natürliches Ich mit seiner früheren Bewunderung für vitale Kraft. Durch die Sakramente muß dieser *alte* Mensch sterben und stirbt auch, um einem *neuen* Menschen Platz zu machen. Mit anderen Worten: Die Sakramente wirken objektiv in der Seele, die subjektive Empfindung dabei ist zweitrangig.

Der Bruch mit meinem alten Leben war vollzogen, ein neuer Weg lag vor mir. Aber trotz dieser tiefen Veränderung meiner Situation regte sich in mir keine Unruhe vor dem Neuen, das in mein Leben gekommen war. Ich verließ nach der Taufe die Kirche mit einem bis dahin nie gekannten Gefühl der Sicherheit, daß – trotz der heraufziehenden politischen Gefahren, die mir Freund Hajek so eindringlich vor Augen gestellt hatte – meine Entscheidung richtig und mit meinem Gewissen vollkommen in Einklang war. – Es folgte noch ein Frühstück im Hause Pfliegler, dann fuhr ich in die Fabrik.

Nun war ich also ein Glied der heiligen Kirche und kehrte als solches in meinen Alltag zurück. Es bestätigten sich an mir die Worte des Apostels Paulus: „Wenn also jemand in Christus ist, dann ist er eine neue Schöpfung: Das Alte ist vergangen. Neues ist geworden“ (2 Kor 5, 17). Der heilige Paulus hatte diese Wahrheit an sich selbst erfahren, und jeder Mensch, der eine echte Bekehrung erlebt, wird dieselbe Erfahrung machen.

Es ist freilich nicht so, daß in dem Augenblick der Bekehrung diese „neue Kreatur“ schlagartig auch schon da wäre. Aber mit der Taufe bzw. der Konversion ist der „neue Mensch“ gewissermaßen konzipiert, und in der Seele beginnt ein geheimnisvoller Prozeß der Umgestaltung in jene „neue Kreatur“; ein Prozeß, der sich nicht automatisch vollzieht, sondern gebunden ist an die freie Mitwirkung der Person, an die tausend kleinen und großen Entscheidungen des Lebens, an die vielen „Ja“ und „Nein“, die wir alle täglich sprechen. Es ist ein langsamer oder schneller Prozeß, abhängig von unserem Eifer und von der Gnade des Schöpfers. In der Tat, es ist deutlich erlebbar und überraschend, wie „alle Dinge neu werden“, indem solche, die man für wertlos hielt, plötzlich wertvoll und kostbar erscheinen, und andere, die man schätzte, an Bedeutung verlieren. Es findet tatsächlich eine Umwertung der Werte in der Seele statt, die wahre Schöpfungsordnung wird wie in einem langsamen Reifungsvorgang sichtbar.

Zu solchen Einsichten gelangte ich aber in der ersten Zeit noch nicht. Ich begann zögernd und noch recht unsicher damit, was man „aus dem Glauben leben“ nennt. Zunächst stellte sich mir das Problem, in meinem Verantwortungsbereich für die Ausscheidung jener Produkte zu sorgen, die mit der Lehre der Kirche unvereinbar waren. Wie jede Verbandstoffabrik führten wir neben den eigenen Erzeugnissen auch eine Großhandelsabteilung für sanitäre Gummiartikel und sonstigen Krankenpflegebedarf. Das umfangreiche Sortiment enthielt auch Verhütungsmittel,

Präservative und Pessare. Umsatzmäßig spielten sie eine geringe Rolle, aber aus Gründen der Konkurrenzfähigkeit waren sie fast unentbehrlich. Da ich alleiniger Geschäftsführer des Unternehmens war, beschloß ich, diese Artikel aufzulassen, weil die katholische Kirche Verhütungsmittel als moralisch unzulässig verurteilte. Ich war auf einen kleinen Aufstand der Vertreter gefaßt, aber außer einer Intervention einiger Herren vom Außendienst geschah nichts. Es war mir jedoch klar, daß die Nachricht von meinem außergewöhnlichen Schritt über kurz oder lang auch meine Vorgesetzten in Deutschland erreichen würde. Mein unmittelbarer Vorgesetzter, der Generaldirektor, zugleich Hauptaktionär der Gesellschaft, war mir zwar sehr wohlgesinnt und durchaus kein Anhänger Hitlers; aber seine nächsten Verwandten – die auch im Vorstand vertreten waren, wenngleich mit geringerem Einfluß – waren durchwegs Parteimitglieder und mußten mit Sicherheit meinen für sie ganz unverständlichen, ja feindseligen Schritt negativ aufnehmen. Zunächst trat jedoch in meinem beruflichen Leben äußerlich keine Veränderung ein.

Frau Waldeck erfuhr von meiner Konversion als erste, und damit wußte natürlich bald der ganze Kreis jener Personen, die in ihrem Haus verkehrten, Bescheid. Frau Waldeck war Jüdin, aber glaubenslos. Ihre Reaktion war neutral, nur vermochte sie – ähnlich wie Dr. Hajek – nicht zu verstehen, warum man seine Existenz so verunsichern konnte, wie ich es durch diesen Schritt angesichts der politischen Situation getan hatte. Tief ergriffen war dagegen der Maler Kern, mit dem mich nun eine wahre Freundschaft verband. Alle anderen Bekannten, die uns regelmäßig besuchten, brachten der Neuigkeit nur geringes Interesse entgegen, wie ja zu erwarten war. Werner Knapp weilte nicht mehr in Wien und ließ auf meine Nachricht hin nichts von sich hören.

Aber schon bald sollte ich vor ein entscheidendes Problem gestellt werden. Bereits zwei Jahre nach der Fabriksübersiedlung war es mir gelungen, die drittgrößte Erzeugerfirma unserem Unternehmen anzuschließen. Dieser Zusammenschluß und andere Erfolge, die ich in Wien erzielen konnte, hatten die Aufmerksamkeit der Zentrale in Deutschland mehr, als mir lieb sein konnte, auf mich gelenkt. Der Generaldirektor lud mich im Sommer 1937 zu einer Besprechung nach München ein und schlug mir zu meiner Überraschung vor, nach Württemberg in die Stammfabrik zurückzukehren und dort einen einfluß- und aussichtsreichen Posten zu übernehmen. Der Vorschlag kam für mich so unverhofft, daß ich um Bedenkzeit bitten mußte, weil eine richtige Entscheidung tatsächlich sehr schwierig und viele Gesichtspunkte verschiedenster Art zu bedenken waren. Ich weilte damals gerade mit meiner ältesten Schwester zur Erholung am Chiemsee und hatte daher die nötige Muße, mir alles reiflich zu überlegen. Adolf Hitler regierte bereits in Deutschland. Der Generaldirektor lehnte jedoch das NS-Regime insgeheim vollkommen ab. Der neue Posten hätte mir große Vorteile finanzieller Art gebracht und noch größere Aussichten für die weitere Zukunft eröffnet. Dazu kam als besonderer Umstand, daß der Generaldirektor mir wie ein väterlicher Freund zugetan war. Er hatte schon zweimal den Wunsch geäußert, ich möge nach Heidenheim zurückkommen, und hatte ihn diesmal mit besonderem Nachdruck ausgesprochen, so daß ich ernstlich befürchten mußte, sein Vertrauen zu verlieren, wenn ich nun noch einmal absagte. Andererseits wurde mir, je mehr ich alles erwog, immer klarer, daß mein junger katholischer Glaube in Heidenheim gefährdet sein würde: sowohl durch die noch stärkere berufliche Belastung in der Zentrale als auch durch die Tatsache, daß Heidenheim Diaspora mit ausgeprägten antikatholischen Tendenzen war. Wie sollte ich, der ich erst begonnen hatte, ein geistliches Leben zu führen, solch vielfältigen Widrigkeiten gewachsen sein? Dazu kam mein innerer Widerstand gegen das neue politische Regime. Mit jedem Tag wuchs die Gewißheit in mir, daß ich das Angebot ablehnen mußte, selbst auf die Gefahr hin, meine Stellung in Österreich zu verlieren. Ich mußte nur die richtige Begründung für meine Ablehnung finden, um das Wohlwollen meines Chefs nicht ganz einzubüßen. Von meiner Konversion konnte er zu diesem frühen Zeitpunkt – kaum einige Wochen danach – noch nichts wissen. So beschloß ich, meine politische Einstellung in den Vordergrund zu stellen. Mit etwas Herzklopfen betrat ich also die Hotelhalle, in der wir uns eine Woche zuvor getrennt hatten. Der Generaldirektor sah mir mit seinem energischen Gesicht, das mit den buschigen Augenbrauen dem Bismarcks glich, erwartungsvoll entgegen. Es war nicht leicht, die Absage auszusprechen. Als ich sie aber eingehend begründete – und zwar mit meinen politischen Ansichten –, erhellte sich die finster gewordene Miene, und unsere Unterredung endete schließlich mit einem neuen Vertrauensbeweis, der mich mit großer Freude und auch mit Zuversicht für meine Stellung in Österreich erfüllte.

Vom Chiemsee reiste ich mit meiner Schwester weiter in die alte Heimat. Dort traf ich – ich glaube, es war zufällig – auch jenen Dekan, der in der Schule von Heidenheim den evangelischen Religionsunterricht beaufsichtigt hatte. Ich erzählte ihm im Laufe unseres bis dahin freundlichen Gesprächs, daß ich aus Überzeugung zur katholischen Kirche übergetreten sei. Diese Mitteilung veränderte die Atmosphäre schlagartig. Er schüttelte mit schmerzlicher Miene seinen Kopf und sagte im Tone höchster Entrüstung, er könne nicht verstehen, warum die katholische Kirche einen Mann, der verheiratet sei, nicht zur Priesterweihe zulasse, wohl aber einen, der „gehurt" habe. Nie hatte ich den Dekan, der sonst sehr gemessen auftrat, so aufgebracht gesehen und einen derart gewöhnlichen Ausdruck verwenden gehört. Noch heute erinnere ich mich, daß ich von dieser Wendung des Gesprächs betroffen war, weiß aber nicht mehr, was ich geantwortet habe.

Nach dieser Begegnung traf ich in Bad Cannstatt, wo ich Verwandte besuchte, auch den einstigen Vikar, unseren Religionslehrer und nunmehrigen Stadtpfarrer von Untertürkheim. Außer mir hatte ihn bis dahin keiner aus unserer damaligen Maturaklasse besucht, und es muß ihn schon seltsam berührt haben, daß – trotz des *Großinquisitors* – gerade jener Schüler ihn aufsuchte, der katholisch geworden war. Ebenso wie der Dekan war er über meinen Schritt entsetzt, nur ließ er sich kaum etwas davon anmerken. Wohl aber erzählte er mir sogleich von einer katholischen Kirche in der Nähe, „in der Heiligenbildchen mit recht primitiven Texten verteilt werden wie eh und je". Er entließ mich schließlich nach außen hin freundlich, aber doch spürbar enttäuscht. Nach Wien zurückgekehrt, besuchte ich den bekannten

Pastoralmediziner Professor Niedermeyer, mit dem mich in späteren Jahren eine tiefe Freundschaft verbinden sollte[6]. Ich erzählte ihm den Einwand des Dekans und von seiner Entrüstung darüber, aber Niedermeyer widerlegte ihn mir so einleuchtend, daß ich erleichtert war. Es war meine Unwissenheit in kirchenrechtlichen Fragen gewesen, die mich unsicher gemacht hatte, zugleich aber erkannte ich damals, wieviel ich noch zu lernen hatte, um auf Angriffe solcher Art – und diese waren gewiß plump genug – antworten zu können. So jedenfalls war es damals um die Ökumene bestellt.

10. Der Traum in der Franziskus-Nacht

Seit meinem Übertritt zur katholischen Kirche waren inzwischen drei Monate verflossen. Nach den Gesprächen mit meinem Chef und den kurzen Besuchen in meiner württembergischen Heimat nahm ich die berufliche Tätigkeit in Wien wieder auf. Das Vertrauen, das mir der Generaldirektor ausgesprochen hatte, und die neu gefestigte Hoffnung auf Gottes Hilfe ließen mich die schwierige Situation mit neuer Kraft angehen. Schwierig war meine berufliche Lage in Wien aus zwei Gründen geworden. Einmal deshalb, weil die Aktivität der Nationalsozialisten mehr und mehr zunahm und ein Anschluß Österreichs immer bedrohlicher in den Bereich des Möglichen rückte. Zum anderen, weil ich noch vor meiner Konversion der Zentrale in Heidenheim vorgeschlagen hatte, dem Wiener Betrieb eine Bleicherei anzugliedern. Diesem Vorschlag war nach monatelangen Beratungen stattgegeben worden, und ich wurde mit der Durchführung dieser Erweiterung beauftragt. Gerne hätte ich eine zusätzliche Belastung jetzt vermieden; da der Vorschlag jedoch von mir selbst ausgegangen war, konnte ich ihn, nachdem in der Zentrale positiv entschieden worden war, nicht zurückziehen, ohne mein Ansehen zu gefährden. Aber sehr bald, nämlich in der Nacht vom 4. auf den 5. Oktober, geschah etwas Außergewöhnliches, das meine Konversion gleichsam bestätigte und meine ganze Einstellung zu Leben und Beruf nochmals tiefgreifend veränderte. Es war ein Erlebnis jener Art, auf das mir die Worte von C. S. Lewis zuzutreffen scheinen, die ich viele Jahre später gelesen habe:

„Ein unversöhnlicher Gott: schön und gut! Ein Gott des Wahren, Schönen und Guten hinter der eigenen Stirn: das ist noch besser! Eine gestaltlose Lebenskraft, aus der wir schöpfen können: das ist von allem das beste! Aber Gott selber, der Lebendige, der am anderen Ende der Schnur zieht, der vielleicht mit ungeheurer Schnelligkeit auf uns zukommt, der Jäger, der König, der Bräutigam – das ist etwas ganz und gar anderes!“

Ehe ich von diesem neuen Erlebnis berichte, muß ich knapp umreißen, wie mein Glaubensleben damals beschaffen war. Der Unterricht bei Professor Pfliegler war kurz gewesen. Tief und fest gegründet war mein Glaube an die eine, heilige, katholische und apostolische Kirche, aber es war mir unmöglich gewesen, das gesamte *Depositum Fidei*[7] innerhalb dieser kurzen Zeit kennenzulernen. Noch weniger war mir die ganze Fülle des katholischen Gebetslebens aufgegangen, die Tiefe und Schönheit der Liturgie der Kirche, der ich nun angehörte. Kurz, ich hatte zwar das entscheidende Tor durchschritten, aber ich brauchte nun dringend eine Führung in den unübersehbaren Weiten, die vor meinem geistigen Auge lagen. In dieser Situation, also vor der Wiederaufnahme meiner beruflichen Arbeit und angesichts der erschütternden politischen Veränderungen, die unmittelbar bevorstanden, geschah nun wieder das ganz Unerwartete.

Es war das Fest des hl. Franziskus von Assisi. Ich hatte an jenem Abend noch sehr innig den hl. Franz angerufen, der für mich der erste Heilige war, von dem ich mir ein gewisses Bild machen konnte und den ich besonders liebte. Wie gewöhnlich war ich etwa um 22 Uhr schlafen gegangen, als ich plötzlich mitten in der Nacht – es war gegen 2 Uhr – durch ein Traumbild erwachte, das sich von jedem bis dahin gehabten Traum durch seine ungeheure Intensität unterschied, und das in einer mir heute noch unbegreiflichen Weise in das Wachsein gewissermaßen hinüberreichte.

Was ich sah, war ein Bild von großer Wucht und Eindringlichkeit: Meine Seele befand sich zwischen dicken Mauern wie in einem Kerker. In diesem Kerker gab es zwar Fenster, die den Blick nach draußen freigaben; aber diese Öffnungen waren mit dicken Eisenstäben versperrt, welche ein Entweichen ebenso verhinderten, wie es so offensichtlich die Steinquader der Mauern taten. Durch die Gitter sah man jedoch hinaus in eine Freiheit, welche die Seele als ihre Heimat erkannte und tief ersehnte. Das Erschreckende und Hoffnungslose der Situation war das tiefe Verlangen der Seele nach „hinaus" und zugleich ihre Einsicht in die Aussichtslosigkeit dieses Verlangens angesichts der unüberwindlichen Mauern und Gitterstäbe. Trotz aller Sehnsucht, aus dem Kerker zu entkommen, gab es also augenscheinlich nicht die geringste Möglichkeit dazu. Die Erkenntnis dieses Zustands erfolgte in einem einzigen Augenblick, und sie war ebenso tief wie furchterregend und ist mit Worten nur mangelhaft zu beschreiben.

Verzweifelt und voller Schrecken über diesen dumpfen Ort der Hoffnungslosigkeit preßte ich mein Gesicht an die Eisenstäbe, durch die das Licht von draußen hereinfiel: Dort war jener beglückende geistige Raum, die beseligende Freiheit, das Element, in dem allein die Seele leben konnte, der Ort, der ihrem Wesen gemäß war.

Wie lange ich mich in diesem Kerker gefangen erlebte, ist unmöglich zu sagen. Es schien mir, als hätte ich die ganze Situation blitzartig wahrgenommen, jedoch erschütternder, als man sonst einen Traum erlebt. Dennoch gab es, wie mir vorkam, eine zeitliche Abfolge innerhalb dieses Erlebnisses. Denn als ich mich hoffnungslos von den schrecklichen Eisenstäben in den Raum des Gefängnisses zurückwandte, fiel mein Blick nach oben, an die Decke des Raumes, in dem ich mich befand. Erst mit ungläubigem Erstaunen, aber dann mit zunehmender Gewißheit und immer tieferem Entzücken gewahrte ich oben eine Öffnung, die durch kein Gitter verschlossen war, sondern den Ausgang in jene Freiheit ermöglichte, nach der sich jede menschliche Seele sehnen mußte. Diese wahre und einzige Öffnung war Christus. Ich sah keine Gestalt, ich hörte keine Worte, aber ich begriff mit unsagbarer Eindringlichkeit den Sachverhalt, den Ausweg aus der Hoffnungslosigkeit, die diskussionslose Wahrheit der Worte: „Ich bin der Weg, die Wahrheit und das Leben." Wie mir das geschah, weiß ich nicht. Aber aus der Logik der Situation, in der ich mich befand, erkannte ich die Befreiung durch Christus – und nur durch Ihn – als einzige Lösung. Ein Zweifel war ausgeschlossen. Mit anderen Worten: Das, was ich schon im Credo, dem Glaubensbekenntnis der heiligen Kirche gläubig bejaht hatte, prägte sich jetzt meiner Seele in einer außerordentlichen Weise ein, tiefer als es eine natürliche Erkenntnis bewirken hätte können.

Der Traum ging in Erwachen über. Ich erschrak zutiefst, begann zu zittern und sprang aus dem Bett, fiel auf die Knie und begann zu beten, wie ich, schien mir, noch nie gebetet hatte. Während ich so – ganz wach und bei vollem Bewußtsein – auf den Knien lag, wurde mir, aber nun wieder mit meinen eigenen Seelenkräften, geradezu überdeutlich, was man die metaphysische Situation des Menschen nennt. Die Ur-Realität Gottes durchdrang gewissermaßen meine ganze Seele. Ich erkannte mit einer nicht wiederzugebenden Klarheit, daß Gott der absolute, uneingeschränkte Herr und Gebieter des Universums ist und daß alles, was das Alte und das Neue Testament über Ihn aussagen, vollständig der Wahrheit entspricht. Alles Geschaffene ist, an Ihm gemessen, gleichsam ein Nichts. Überdeutlich stand mir vor Augen, was ich später in der Formulierung des hl. Thomas von Aquin bestätigt fand: „Wenn Gott ein Wesen in das Nichts zurückführte, so geschähe das nicht durch ein Wirken, sondern dadurch, daß Er aufhörte zu wirken." Man kann die Wahrheit einer solchen These theoretisch erkennen oder existentiell erfassen. Solange man sie nur theoretisch zur Kenntnis nimmt, hat man noch in keiner Weise erlebt, welch ungeheure Realität sie aussagt. Und noch eines durchdrang mich bis ins Innerste: daß Gott ein personaler Gott ist, die absolute Person und deshalb der lebendige Gott. Alles, was ich jemals über Ihn gehört oder in der Bibel gelesen hatte, bekam jetzt in mir eine Lebendigkeit wie nie zuvor, und ebenso wurde mir auch bewußt, wie verschieden tief Glaubensinhalte geglaubt werden können.
Vernichtet und weggewischt waren alle Aussagen der Theologen über Gott, die ich während der Zeit meines Suchens gelesen hatte. Vor meiner Seele stand allein und übermächtig der Gott Abrahams, Isaaks und Jakobs, der von allen Geschöpfen völlig unabhängige, souveräne Schöpfergott – der Allmächtige im Vollsinn des Wortes. Vor mein geistiges Auge trat genau jener Mittelpunkt des Universums, den ich in der Narkose geschaut hatte, nur jetzt nicht mehr als das unermeßliche geistige Licht, sondern – wenn ich wagen darf, es so zu sagen – die Personalität Gottes.

Der Eindruck war derart überwältigend gewesen, daß ich zitternd und bebend auf den Knien lag. Die Gedanken in meinem Kopf jagten einander und kreisten immer um die beunruhigende Frage, was Gott mit diesem neuerlichen Anruf von mir wolle, nachdem ich gemeint hatte, Seiner Einladung gefolgt zu sein, indem ich in Seine Kirche eingetreten war. Im Gegensatz zum seinerzeitigen Erlebnis in der Narkose konnte ich ja diesmal keinen Augenblick im Zweifel sein, daß es Gott war, der mich berührt hatte, nicht irgendeine Erscheinung, die von mir auch anders hätte gedeutet werden können. In meiner Angst rief ich nach Frau Waldeck. Sie kam auch und war bestürzt über den Zustand, in dem sie mich vorfand und den ich ihr in keiner Weise zu erklären vermochte. Sie versuchte, mich mit dem Hinweis zu trösten, ich sei beruflich überlastet. Das konnte mir freilich nicht helfen. Allein die Gegenwart eines befreundeten, mir wohlgesinnten Menschen war schon ein gewisser Trost und eine Beruhigung. Meine Worte „furchtbar" und „entsetzlich" waren dieselben, die ich auch damals nach der Narkose gebraucht hatte, und sie mußten Frau Waldeck begreiflicherweise tief beunruhigen und auf den Gedanken bringen, ich hätte wohl etwas Schlimmes erlebt. Dabei waren sie, für den Außenstehenden freilich nicht erkennbar, diesmal anders gemeint. Sie bezogen sich auf den Zustand der Welt, der sündigen Welt, waren aber zugleich mit der beglückenden Gewißheit verbunden, daß Jesus Christus den „Kerker" unserer gefallenen Natur wahrhaftig geöffnet und die Erlösung der gesamten Menschheit durch seinen freiwilligen Tod am Kreuz erwirkt hat. Wer könnte die Lehren des Alten und Neuen Testaments als volle Realität begreifen und nicht angesichts der Lage der heutigen Menschheit in die Worte „furchtbar", „entsetzlich" ausbrechen?

Schließlich beruhigte ich mich so weit, daß ich Frau Waldeck für ihren Beistand dankte und sie bat, sich wieder schlafen zu legen. Auch ich versuchte, noch etwas zu schlafen, was mir aber nicht gelang, so daß ich bis zum frühen Morgen – es mag gegen fünf Uhr gewesen sein – wach blieb und betete.

Bis zu jener Zeit hatte ich, wie schon berichtet, noch eine besondere Scheu, mit jemandem über religiöse Dinge zu sprechen. Aber nun empfand ich das starke Bedürfnis, das von keiner Hemmung mehr zurückgehalten werden konnte, mich so rasch wie möglich mit einem Menschen auszusprechen, der mir in dieser Situation raten oder mich wenigstens verstehen konnte. Ich entschloß mich, meinen Freund, den Maler Kern, in der Inneren Stadt aufzusuchen. Denn er, der zu meiner Konversion so viel beigetragen hatte, stand mir doch am nächsten, und von ihm erhoffte ich mir am ehesten einen Rat, was ich denn nun anfangen sollte.

Ich fuhr also gegen 6 Uhr früh zu ihm und läutete an der Glocke seines Ateliers, das hoch oben unter dem Dach gelegen war. Niemand meldete sich, so daß ich enttäuscht die vielen Treppen wieder hinabstieg. Ich beschloß, eine Frühmesse im Stephansdom zu besuchen, weil ich hoffte, ihn vielleicht dort anzutreffen. Leider wurde ich enttäuscht. So nahm ich allein an dieser Frühmesse teil und kommunizierte, noch immer tief beunruhigt von dem merkwürdigen Traum. Dann versuchte ich es wieder in Kerns Atelier, aber wieder war er nicht da. Ich ging zurück zum Dom, betete wieder am Sakramentsaltar und versuchte es anschließend zum drittenmal. Jetzt öffnete Kern die Tür, erstaunt, daß ich so früh zu ihm kam. Obwohl ich versuchte, meine Erregung zu verbergen, merkte er doch, daß ich etwas Ungewöhnliches erlebt haben mußte, und drang in mich, ihm alles zu berichten. Das tat ich auch, aber im Erzählen kam mir das Ganze wieder so lebhaft ins Bewußtsein, daß ich nur bruchstückhaft reden konnte, woraus Kern immer deutlicher ersehen konnte, daß etwas nicht Alltägliches geschehen war. Deshalb machte er mir spontan den Vorschlag, wir sollten seinen Freund Dietrich von Hildebrand aufsuchen, der nicht weit entfernt in der Habsburgergasse wohnte und den ich einmal bei Frau Waldeck kennengelernt hatte. Damals – Monate vor meiner Konversion – hatte Hildebrand einen großen Eindruck auf mich gemacht. Es war bei dieser rein konventionellen Begegnung, wenn ich mich recht erinnere, nicht über Religion gesprochen worden; aber seine hohe Geistigkeit, seine umfassende Bildung und seine tiefe Menschlichkeit, verbunden mit blendendem Humor, hatten mein Herz sogleich gewonnen. – Wir gingen also zu Fuß in die Habsburgergasse, und Kern zerstreute während des Weges alle meine Bedenken, zu so früher Stunde bei einem vielbeschäftigten Universitätsprofessor vorzusprechen, dem ich doch nur einmal flüchtig begegnet war. Kern hingegen war schon viele Jahre lang so eng mit Hildebrand befreundet, daß er den Überfall wagen konnte, und so läuteten wir kurz darauf an der Wohnungstür des Professors. Wir wurden auf das freundlichste empfangen, und nachdem Kern kurz mitgeteilt hatte, worum es sich handle, nahm Hildebrand mich mit in sein Arbeitszimmer, damit ich mich mit ihm allein aussprechen könne.

11. Einbruch der Gnade – Hildebrand

Für mich war die Lage außergewöhnlich, fast peinlich: Ich saß einem mir noch fremden Mann gegenüber, dem ich nun mein Erlebnis erzählen sollte, obwohl ich mich nicht erinnern konnte, mich jemals, selbst meinem Jugendfreund Knapp gegenüber, in solcher Weise eröffnet zu haben. Es muß wohl die Wucht des Erlebten gewesen sein, welche die Scheu von mir abfallen ließ; aber auch etwas anderes, das ich schon nach meinen ersten Worten an Hildebrand intuitiv erfaßte: eine reiche, weite und gütige Seele, die sich mir auftat. Nur so konnte das Unglaubliche geschehen: Nach wenigen konventionellen Sätzen lag ich in seinen Armen, schließlich kniete ich vor ihm und erzählte ihm schluchzend von meiner Konversion und dem Erlebnis danach. Es war keine Erzählung im üblichen Sinne, das Geschaute brach vielmehr elementar aus mir heraus. Ich sprach wie in einem Rausch, verlor gänzlich die Kontrolle über mich und auch völlig den Sinn für Raum und Zeit. Je mehr sich mein Zustand jenem in der Nacht erlebten wieder näherte, desto deutlicher nahm ich wahr, daß Hildebrand inständig, jedoch wortlos betete. Ich „sah", wie seine Worte zum Himmel emporstiegen und „sah" in gleicher Weise, wie eine geheimnisvolle Kraft bzw. Hilfe von oben herabkam. Mit anderen Worten, ich nahm den Kontakt seiner Seele mit „oben" wahr, nahm wahr, daß wir nicht allein, sondern beide eingeschlossen waren in eine höhere Wirklichkeit. Monate später erst, als mir Hildebrand seine eigenen Eindrücke von meinem unerwarteten Besuch erzählte, erfuhr ich von ihm, daß er sich, besonders zu Beginn der Begegnung, zunächst keinen anderen Rat wußte, als Gott innigst um Hilfe anzuflehen.

Dieses Bewußtsein des völligen Geborgenseins, nicht nur bei einem Menschen, sondern durch diesen Menschen auch bei Gott, knüpfte so hilfreich an das im Traum Erlebte an, daß ich meinen ohnehin nur mehr schwachen Widerstand ganz aufgab, die Besinnung vollends verlor und alles, was ich in der Nacht geschaut hatte, wieder mit ganzer Intensität vor meinem inneren Auge stand. Das letzte, was ich bewußt hörte, waren die Worte Hildebrands: „Denken Sie nicht an das Furchtbare des Erlebten, sondern denken Sie an Christus, der uns liebt!“ Dann fiel ich wie in einen Abgrund und nahm von meiner Umgebung und meiner – menschlich gesehen – unerhörten Situation nichts mehr wahr.

Was nun folgte, hat in meiner Erinnerung nur kurz gedauert, höchstens eine Viertelstunde, wie ich meinte. Später erfuhr ich von Kern und auch von Hildebrand selbst, daß es volle zwei Stunden waren. Während dieser ganzen Zeit war ich „außer mir“, das heißt: Ich nahm die äußere Situation nur teilweise, wie durch einen Nebel, wahr, weil ich, ähnlich wie in der Nacht, mit ungeheurer Heftigkeit eine Reihe religiöser Wahrheiten „sah“. Was ich da innerlich schaute, stieß ich in größter Erregung hervor: Ich sah, daß die römisch-katholische Kirche in voller Wirklichkeit die wahre, von Christus gemeinte bzw. gewollte Kirche Gottes ist. Alles das, was ich bereits von ihr geglaubt und durch meine Konversion bekräftigt hatte, erschien wie ein Schatten gegenüber dieser neuen Gewißheit und blendenden Klarheit.

Ich muß viele Worte gebrauchen, um auszudrücken, was sich mir damals in einem einzigen Augenblick offenbarte:

Christus selbst ist das Haupt, die Seele der Kirche, und die Kirche ist deshalb ihrem innersten Wesen nach das Licht, das in der Finsternis leuchtet. Sie ist die makellose, unsagbar herrliche Braut Christi. Jede Seele wird diese Wahrheit in der Ewigkeit schauen, die eine zu ihrem Schrecken, die andere zur tiefen Beglückung. Was die Kirche authentisch über sich selbst aussagt, ist göttliche Wahrheit, die in diesem Leben freilich nur im Glauben bejaht und bloß mit armseligen Worten formuliert werden kann, die aber in der jenseitigen vollkommenen Wirklichkeit und Anschauung in herrlichem Glanz erscheinen wird. Meine Sinne waren wie gefesselt. Ich glaube nicht, daß ich tatsächlich ganz bewußtlos war; vielmehr war die Wucht der Gesichte so gewaltig, daß die Umwelt für mich förmlich versank. Ähnlich wie ja auch auf der natürlichen Ebene ein Erlebnis uns so in seinen Bann ziehen kann, daß wir alles andere darüber vergessen, solange die Konzentration auf das Erlebte andauert, ging es mir damals bei Hildebrand. Was ich aber innerlich so intensiv sah, versuchte ich in Worten auszudrücken. Freilich mit Worten, die alle bei weitem nicht heranreichten an die Wirklichkeit des Geschauten. Mit Worten außerdem, die in großer Erregung hervorgestoßen wurden, immer wieder unterbrochen von Tränen und Schluchzen.

Ich will hier meine eigenen Erinnerungen unterbrechen und berichten, wie mir später Professor Hildebrand meinen Zustand geschildert hat. Er war, wie er sagte, beunruhigt, daß ich sichtlich mehr und mehr in Erregung geriet und dabei die fundamentalsten katholischen Wahrheiten über Gott, Christus und die heilige römische katholische Kirche hervorstieß; daß ich nichts sagte, was der katholischen Glaubenslehre in irgendeinem Punkt widersprochen hätte, und daß er immer wieder staunte, weil er ja von meinem Freund Kern wußte, daß ich erst seit drei Monaten Katholik und bei Professor Pfliegler nur kurze Zeit unterrichtet worden war. Im Verlauf der zwei Stunden versuchte er des öfteren, mich zu unterbrechen. Aber ich konnte nicht aufstehen, und wenn man mich aufrichtete, hatte ich nicht die Kraft, mich auf den Beinen zu halten. Mehrmals machte ich auf Hildebrand einen geradezu verwirrten Eindruck. Als ich, wieder bei vollem Bewußtsein, seine Schilderungen hörte, war mir klar, daß dieser Eindruck immer dann entstanden sein mußte, wenn ich meinen außergewöhnlichen Zustand halb wahrnahm und meinen Willen anstrengte, wieder ganz zu mir zu kommen. Dieses Bemühen war aber immer wieder vergeblich. Während ich so meinen Willen – umsonst – einsetzte, war ich nicht mehr ganz „drüben", aber auch nicht wieder ganz „in der Welt". Ich war wie geteilt und verlor die Orientierung dort wie hier. Was ich jedoch dazwischen sagte, war in bezug auf die jenseitige Welt „ganz richtig" – diesen Ausdruck gebrauchte Hildebrand später immer wieder –, so daß er die Befürchtung, ich würde zunehmend verwirrter, bald aufgab.[8]

Genausowenig wie damals, unmittelbar nach dem Besuch bei Hildebrand, könnte ich heute nach so vielen Jahren wörtlich wiedergeben, was ich in diesen Stunden alles gesagt, welche Worte ich dabei gebraucht habe. Was ich aber aus eigener Erinnerung weiß und woran ich mich so erinnere, als hätte ich das alles gestern erlebt, ist dies, daß sich die Glaubenswahrheiten der Kirche meiner Seele in einer Weise einprägten, daß sich in meinem Inneren eine Änderung vollzog, die ich nie begriffen habe und die mir noch heute ein Rätsel der Gnade ist. Ein Rätsel der Gnade, das mir um so unbegreiflicher dünkte, als ich ja der heiligen Kirche aus voller Überzeugung beigetreten war, alle Glaubenswahrheiten schon bejaht hatte und dieser formell vollzogene Übertritt mit all seinen Konsequenzen erst drei Monate zurücklag.

Die gewisseste Gewißheit, die sich meiner Seele damals wie ein Siegel einprägte, war das Mysterium der Una Sancta Catholica, der römisch-katholischen Kirche als der wahren Kirche Christi: gerade jene Glaubenswahrheit also, die im *Großinquisitor* von Dostojewski so radikal geleugnet wird. Der nachhaltige Eindruck dieser kurzen, genialen Erzählung, in der gleichsam alle antikatholischen Affekte meiner Jugend versammelt waren, hatte mich nach meinem ersten Erlebnis in der Narkose daran gehindert, die Wahrheit bei der katholischen Kirche zu suchen. Mochte ich dann durch die Konversion meinen Glauben an die römisch-katholische Kirche auch bereits bekräftigt haben: Durch alles, was ich jetzt erlebte, war mir, als seien meine Augen hinsichtlich dieser Glaubenseinsicht bis dahin noch nicht geöffnet gewesen. In einem so strahlenden Licht sah ich von nun an die Kirche.

Alles an und in dieser Kirche ist „Geist und Leben“, es gibt tote Glieder, die nur scheinbar zu ihr gehören, in Wirklichkeit aber „draußen“ sind, und „draußen“ gibt es lebendige Glieder, die zur Kirche gehören und in Wahrheit „drinnen“ sind. Dennoch gilt: „Außerhalb der Kirche ist kein Heil.“ All das, was die Kirche darüber lehrt, ist wahr, und jeder Mensch, der die Wahrheit rückhaltlos und in vollem Ernst sucht, wird sie finden. Er wird erleben, wie tief heilsnotwendig die Zugehörigkeit zur Kirche für den Menschen ist, wie Gott selbst aber frei und unabhängig über jede Seele verfügt.

Was mich jedoch aufs äußerste erregte und in Tränen ausbrechen ließ, war der Blick auf meinen eigenen Zustand und den so vieler Menschen – zahlreich wie der Sand am Meer –, welche diese geoffenbarte Wahrheit nicht ernst nehmen, nicht aus vollem Herzen suchen und daher schuldhaft nicht finden. Zahlreich sind auch jene, die das Glück haben, katholisch getauft und erzogen zu sein, die „Perle" also in Händen halten, sie dann aber achtlos fallen lassen und verlieren! Alles, was ich vor meiner Konversion über die Una Sancta gelesen hatte, war also durchaus wahr, aber doch wie ein Schatten, gemessen an ihrer überirdischen, blendenden Schönheit, wenn sie dereinst wahrhaftig triumphierende Kirche sein wird, sichtbar für jede Geistseele. Man müßte tausend Worte finden, um das Phänomen der Kirche Christi zu beschreiben, obwohl wir sie im Jenseits mit einem einzigen Blick in voller Realität erfassen werden, überwältigt von der Weisheit und Güte Gottes. Ja, sie ist wirklich die unsagbar Herrliche, wie es unzählige Heilige formuliert haben! Das mag in Hinblick auf das „Unkraut" im Weizenfeld Gottes (Mt 13, 24), d. h. also angesichts des Allzumenschlichen und Sündigen in der Kirche, exaltiert klingen, aber jede Seele wird, sobald sie von der Zeitlichkeit in die Ewigkeit übergegangen ist, erkennen, daß diese Worte noch nüchtern sind, gemessen daran, was diese Kirche zwar geheimnisvoll und verborgen, aber doch wirklich ist.

Was ich in den Stunden bei Hildebrand bzw. schon in der Nacht zuvor schaute, war von solcher Dichte, daß es sich nur ausdrükken läßt, wenn man es gleichsam auseinanderfaltet. In meinem Traum hatte ich auch überdeutlich gesehen, wie furchtbar es ist, „in die Hände des lebendigen Gottes zu fallen" (Hebr 10,31). Jahre später fühlte ich mich durch John Henry Newman, den großen Konvertiten, bestätigt, wenn ich bei ihm las:
„Mein großer Gott ..., Du kennst mich durch und durch. Dein Blick umfaßt meine ganze Gegenwart, Vergangenheit und Zukunft als ein Ganzes. Du siehst alle leisesten und flüchtigsten Regungen meines Denkens, die mir selbst entgehen. Vor dir liegt jede Handlung offen, ob sie geschehen oder nur gedacht ist. Du kennst ihren Ursprung, ihre Entfaltung und ihre Folgen ... Wie furchtbar ist der Gedanke, einst meinem Richter gegenüberzustehen!"

Für jede Seele gilt, daß sie – ganz allein, solus cum solo – im Tode Gott gegenübersteht. Dann wird jede auch erkennen, welche Bedeutung der römisch-katholischen Kirche nach dem Willen Gottes für die Welt und für jeden einzelnen zukommt. Immer wieder ist es in den Schriften zu lesen und durch die Aussagen von Heiligen und Gläubigen vielfach bestätigt worden: Im Letzten Gericht gibt es keine Anklage mehr gegen den allmächtigen, den absolut souveränen Gott, gegen den Geist, der das Universum ins Leben rief und am Leben erhält. Alle Kreatur muß vor seinem Anblick verstummen, wenn sie mit einem Nein zur gehörten Offenbarung vor den gewaltigen Gott tritt. Gemessen an dieser Einsicht erschien mir der täglich erlebte, schuldhafte Unglaube so vieler Menschen doppelt furchtbar.

Jahrzehnte später las ich die Thesen, die der heilige Thomas von Aquin darüber aufgestellt hat. Ich wünschte sehnsüchtig, daß viele, daß *alle* Ungläubigen oder Halbgläubigen diese tiefen Einsichten des „heiligsten Gelehrten und des gelehrtesten Heiligen" ernstlich überdenken mögen! So sagt Thomas beispielsweise, den Glauben zu haben, liege nicht in der menschlichen Natur. Wohl aber liege es an ihr, daß sich der Sinn des Menschen dem innersten Antrieb und der von außen kommenden Verkündigung der Wahrheit nicht widersetze. So betrachtet ist also nach Thomas der Unglaube wider die Natur und daher offenbar die Sünde des Unglaubens größer als alle Sünden der Verkehrtheit der Sitten. Hildebrand erzählte mir später, ich hätte immer wieder unter Tränen gerufen: „Es ist wirklich, wirklich, wirklich! Oh Gott, die vielen Menschen, die es sehen, all die Menschen, die es nicht ahnen, die ahnungslos, leichtsinnig dahinleben – furchtbar, furchtbar!"

In diesen Stunden ging eine Erschütterung durch meine Seele, die kaum zu beschreiben ist. Hildebrand war begreiflicherweise ratlos, was zu tun sei, zumal die Zeit inzwischen so vorgerückt war, daß er dringend zu seiner Vorlesung an die Universität mußte. Er beriet sich also mit Kern, und die beiden kamen zu dem Entschluß, daß Kern mit mir nach Salzburg fahren sollte, um dort Professor Pater Mager zu konsultieren. Dieser war damals der weithin anerkannte Fachtheologe für Mystik,[9] zudem mit Hildebrand befreundet, und so hoffte man, von ihm am ehesten zu erfahren, was mir widerfahren sei und wozu er raten würde.

Aber nun kam die Schwierigkeit, mich aus meinem Zustand zu „erwecken" und für den Plan zu gewinnen. Weder Kern noch ich selbst waren auf die Möglichkeit einer Reise vorbereitet. Ich hörte später, ich hätte zunächst absolut nicht verstanden, was man von mir wollte, und den Gedanken an eine Reise nach Salzburg weit von mir gewiesen. Schließlich folgte ich aber doch widerstrebend und immer noch benommen Kern auf die Straße hinunter. Dort wurde ich offenbar immer wacher, nahm meine Umwelt wieder bewußter auf und fragte mehrmals, was Kern denn von mir wolle, und warum und wohin wir hier miteinander auf der Straße gingen. Anfangs versuchte Kern, mir klar zu machen, wir seien im Begriff, nach Salzburg zu fahren; aber damit hatte er keinen Erfolg. Ich blieb sofort stehen und erklärte rundweg, daß ich nichts in Salzburg zu tun hätte und gar nicht dorthin wolle; kurz, ich war noch gar nicht fähig, den Zusammenhang des Reisevorhabens mit dem Erlebten zu erfassen. Da kam Kern auf den Gedanken, mir zu sagen: „Christus will es!" Daraufhin antwortete ich sofort: „Ja, ja, das will ich auch", und zu Kerns Erstaunen ging ich sogleich mit ihm weiter in Richtung Westbahnhof. Ich weiß nicht mehr, warum Kern nicht ein Taxi rief oder mit mir in eine Straßenbahn stieg. Jedenfalls gingen wir zu Fuß, und wer die Strecke vom ersten Bezirk zum Westbahnhof kennt, weiß, daß das einen Fußmarsch von mindestens einer halben Stunde bedeutet. Aber die Zauberformel „Christus will es" wirkte immer nur für einige Minuten. Dann hielt ich wieder an, fand es sonderbar, zum Westbahnhof gehen zu sollen, und schickte mich an, umzukehren. Sobald Kern seine Erklärung, daß Christus es so wolle, wiederholte, ging ich bereitwillig weiter, sehr zu seiner Erleichterung, denn er dachte in der Zwischenzeit mehrmals daran, die seltsame Expedition als undurchführbar aufzugeben. Ich erzähle das nur, weil ich selber später begriffen habe, daß ich auf dem ganzen Weg zur Bahn noch keineswegs „aufgewacht" bzw. noch immer nicht bei klarem Bewußtsein war. Kurz vor dem Westbahnhof passierte noch etwas für meinen Freund Kern sehr

Aufregendes: Wir waren bis zum Gürtel gekommen und hatten nur noch diese letzte Fahrbahn zu überqueren, auf der starker Autoverkehr herrschte. Ohne auf diesen auch nur im geringsten zu achten, lief ich auf die Straße. Ich hörte Bremsen kreischen und Fahrer schimpfen, ging aber ruhig weiter. In dem geschilderten Zustand, in dem ich mich mit kurzen Unterbrechungen noch immer befand, „sah" ich deutlich, daß ich „von oben" beschützt war und daß mir nichts passieren konnte. Ich „sah", daß die Autolenker zwar als Letztursache handelten, d. h. lenkten und bremsten, daß sie jedoch von einer höheren Macht abhingen, von der ich mich in diesem Augenblick beschirmt wußte. Erschrocken kam Kern nach und war sichtlich befreit, als wir endlich am Ziel unserer Fußwanderung angelangt waren. Nun standen wir also in der großen, belebten Halle des Westbahnhofes, und mein Freund hatte nur noch die Aufgabe, die Fahrkarten nach Salzburg zu lösen. Er bat mich daher, an derselben Stelle, wo wir gerade standen, auf ihn zu warten; er wolle sich bei einem Schalter anstellen und gleich wieder zu mir zurückkommen. Aber als er dann kam, fand er mich nicht mehr so vor, wie er mich verlassen hatte.

Ich sagte schon, daß ich aus meinem seltsamen Zustand noch immer nicht voll erwacht war. Zwar hatte ich die Umwelt während des Marsches aus der Innenstadt zum Westbahnhof wieder teilweise wahrgenommen. Aber das Nebelhafte dieser Wahrnehmung war offenbar der Grund, warum ich mehrmals anhielt und erstaunt nach dem Grund unseres Hierseins fragte. Deshalb hatte ich ja auch alle Erklärungen meines Freundes, mit denen er mir unsere Reiseabsichten zuerst begreiflich zu machen versuchte, gar nicht begriffen, sondern nur seine beschwörende Formel, die mich aber zugleich immer wieder in den schon Stunden dauernden Zustand zurückversetzte. So geschah es nun, daß ich, während Kern am Schalter in einer Menschenschlange um die Karten anstand, erneut in jene merkwürdige Verfassung wie bei Professor Hildebrand zurückfiel; ja sie erreichte jetzt sogar ihren Höhepunkt. Ich sah plötzlich vor mir ein helles, unbeschreibliches, geistiges Licht von großer Intensität und übernatürlicher Schönheit, so daß mich – obwohl ich mir dunkel der Leute um mich herum bewußt war – alle Kräfte verließen und ich, von tiefer Beglückung überwältigt, in die Knie sank. Das mußte bei den Menschen in der Halle den Eindruck erwecken, ich sei bewußtlos geworden, denn ich hörte nur noch – wie aus weiter Ferne – das Geräusch vieler aufgeregter Stimmen, darunter den Satz: „Was hat er?" Zugleich wurde ich aufgehoben und auf die Füße gestellt, aber man mußte mich stützen, denn ich sank sogleich wieder nieder. Ganz deutlich ist mir dabei ein körperlicher, sonst nie erlebter Zustand in Erinnerung geblieben: Es drehte mir beide Arme nach außen, und ich spürte mein Blut durch die Adern pulsieren, als wäre es siedend, perlend. Inzwischen hatte mein Freund den kleinen Auflauf bemerkt. Er stürzte herbei, gab irgendwelche Erklärungen an die Leute ab, die mich noch immer aufrechthalten mußten, und brachte mich schließlich zu einer Bank. Nun spürte ich endlich, daß ich ganz wach wurde. Das Entzücken dieser seligen Minuten noch im Leib, bemerkte ich, daß mir wieder alle Kräfte zur Verfügung standen, und zum Erstaunen meines Freundes erhob ich mich ohne Hilfe und drängte auf den Bahnsteig zum Zug, der dort schon mit dampfender Lokomotive abfahrbereit stand. Kern fand ein leeres Abteil, und ich konnte mich, jetzt auf einmal nicht mehr schwach, sondern nur müde, auf eine Bank legen. Mein Freund, der über den Zwischenfall in der Halle natürlich zutiefst erschrocken war, durfte endlich ganz aufatmen, als wir uns sicher und allein in einem Abteil befanden und er merkte, daß ich unerwarteterweise wieder ganz bei mir war und er normal mit mir sprechen konnte. Jetzt verstand ich auch sofort den Zweck unserer überstürzten Reise, war mit allem einverstanden, ja ich war sehr dankbar, daß Kern mir in dieser selbstlosen Weise beigestanden hatte.

Auf der damals noch über vier Stunden dauernden Fahrt schlief ich viel, war aber dazwischen wach und erlebte, offenbar als Nachwirkung der Erscheinung in der Schalterhalle, einen tiefen Frieden, ein nie empfundenes Gefühl schwereloser Glücks, das noch lange anhielt. Nach den früheren Erlebnissen, die sich immer nur mit Ausdrücken wie „schrecklich", „entsetzlich" adäquat wiedergeben ließen, hatte ich nun die andere Seite erfahren: die unsagbare Beglückung durch Christus. Damals prägte sich mir der Doppelaspekt der menschlichen Existenz unauslöschlich ein: einerseits der Höllenaspekt der gefallenen Welt, den jeder denkende Mensch angesichts all des Entsetzlichen erlebt, das sich tagtäglich ereignet; andererseits der himmlische Aspekt, der sich uns ebenso täglich darbietet in der Schönheit der Schöpfung oder in der Kunst, und der im Kanon der heiligen Messe ausgedrückt ist mit den Worten: „Himmel und Erde sind erfüllt von deiner Herrlichkeit." Mein treuer Begleiter war glücklich, daß unsere Expedition nach Salzburg nun zweifellos keinerlei Risiko mehr in sich barg. Zwar waren wir beide ohne Gepäck, sogar ohne Mäntel und das Notwendigste zum Übernachten, aber das kümmerte uns gar nicht. Wir ruhten beide aus und unterhielten uns über das gemeinsam Erlebte. Wir verstanden einander nun inniger als je zuvor.

In Salzburg nahmen wir im Hotel Stein am Platzl ein Zimmer und suchten gleich eine Verbindung mit dem erwähnten Pater Aois Mager herzustellen, einem Mönch der Benediktinerabtei Beuron, der zu jener Zeit einen Lehrstuhl an der theologischen Fakultät in Salzburg innehatte. Leider war Pater Mager verreist. Meine Wiener Freunde hatten nicht daran gedacht, vor Antritt unserer Reise in Salzburg anzurufen, ob Pater Mager überhaupt zu sprechen sei. Um nun die Reise nicht ganz umsonst gemacht zu haben, meldete Kern mich bei einem anderen Benediktiner, Pater Virgil Redlich, an, ebenfalls einem Professor an der theologischen Fakultät, mit dem ich mich in späteren Jahren sehr befreunden sollte. Pater Virgil nahm mich überaus freundlich auf. Ich erzählte ihm von meiner Konversion bei Professor Pfliegler in Wien und all dem Außergewöhnlichen, das dazu geführt hatte; zuletzt auch von dem merkwürdigen Erlebnis in der Nacht vom 4. auf den 5. Oktober und bei Professor Hildebrand, den er sehr gut kannte. Gerne hätte ich von ihm erfahren, was ich von den Vorfällen halten sollte; ob vielleicht alles einfach nervenbedingt war, etwa dadurch, daß ich mich neben meinem doch arbeitsintensiven Berufsleben noch so viel mit religiösen Fragen beschäftigt hatte; oder ob es sich um echte übernatürliche Erlebnisse handelte. Von einer Klärung dieser Frage wollte ich auch abhängig machen, ob ich – falls alles ernst zu nehmen war – in ein Kloster eintreten sollte. Aber so gut Pater Virgil als Mönch,

Theologe und Universitätsprofessor bewandert war, getraute er sich doch nicht, eine derart schwierige Frage sofort zu beantworten, sondern verwies mich wiederum an Pater Mager, der als Fachmann in derartigen Angelegenheiten galt. Nach einem langen und sehr schönen Gespräch verabschiedete ich mich also und beschloß, nach Wien zurückzukehren, zu einem geeigneten Zeitpunkt aber wieder nach Salzburg zu kommen und mich mit Pater Mager zu beraten.
Von diesem kurzen Besuch in Salzburg sind mir darüber hinaus zwei Dinge in Erinnerung geblieben. Ich befand mich noch immer in einem Zustand tiefster Beglückung, sah die Welt gewissermaßen mit anderen Augen und fühlte mich wie ein neuer Mensch. Als wir am Abend im Hotel Stein das Essen einnahmen, kamen ein paar junge Theologen ins Gastzimmer und nahmen in der Nähe Platz. Damals trugen die Theologiestudenten alle einen Talar und die Ordensleute ihre Ordenstracht. Man sah sie überall auf den Straßen, nichts Auffälliges also. Aber auf mich machten sie einen ganz anderen Eindruck als sonst. Ihr Anblick erfüllte mich mit ungewöhnlicher Freude. Sie erschienen mir wie Auserwählte, und ich sah sie im Geiste vor mir als Begnadete auf dem Weg zu einem Glück, wie ich es kurz erlebt hatte.

Am nächsten Morgen nahmen wir an der Frühmesse in der Franziskanerkirche teil. Auch hier empfand ich alles intensiver als bisher: die Schönheit des Gotteshauses, die sakrale Atmosphäre, das Beglückende der heiligen Messe, alles war mir wie neu geschenkt und berührte mich tiefer als sonst. Nicht weit von uns kniete ein junges Mädchen, das mir durch seine Andacht und Frömmigkeit auffiel. Ich war zwar sehr versunken in die heilige Messe; dennoch streifte mich kurz der Gedanke: „Siehst du, das wäre eine Frau für dich gewesen. Aber das ist jetzt vorbei, der Weg ins Kloster ist dir vorgezeichnet." Mehr nicht, und viele Monate lang habe ich nicht mehr an diesen kurzen Augenblick, ja mit keinem Gedanken an eine etwaige Ehe gedacht. Aber eben dieses junge Mädchen wurde zwei Jahre später meine Frau!

Nach der Messe fuhren wir mit dem nächsten Zug nach Wien zurück. Zuvor telefonierte ich mit der Fabrik, die ja nicht wußte, wo ich geblieben war. Auch meine Abwesenheit von einer Sitzung, an der ich teilnehmen hätte sollen, mußte ich entschuldigen. Berufliche Erfordernisse nahmen mich tagelang ganz in Anspruch. Sobald aber alles wieder geordnet war, fuhr ich ein zweitesmal, diesmal ohne meinen Freund, nach Salzburg und konnte Pater Mager im Kloster Nonnberg, wo er wohnte, ausführlich sprechen. Seine Persönlichkeit machte auf mich großen Eindruck. Er ließ sich alles erzählen, stellte Fragen und zeigte sich auffallend nüchtern und sachlich. Aber gerade das stärkte mein Vertrauen in sein Urteil. Schließlich entschied er kurz und bündig, daß er die Erlebnisse für echt halte. Dafür gebe es gewisse objektive Kennzeichen, über die er sich jedoch nicht näher äußern wollte. Er empfahl mir, zunächst in meinem Beruf zu bleiben, aber ein ernstes geistliches Leben zu führen. Ferner riet er mir, regelmäßig die religiösen Abende zu besuchen, die Professor Hildebrand in Wien wöchentlich veranstaltete, und dabei mein Wissen zu vertiefen. Mit diesen Ratschlägen wurde ich entlassen und fuhr nach Wien zurück.

12. Schwere Entscheidungen – Neue Freunde

Die tiefe Erschütterung, die ich erlebt hatte, stellte mich nun nach der Aussprache mit Pater Mager vor schwere Entscheidungen. Die Verlegung der Fabrik von Innsbruck in die Stammfabrik nach Heidenheim hatte ich aus den bereits dargelegten Gründen abgelehnt. Während des Sommers 1937 war – wiederum auf Grund eines Gutachtens von mir – der Beschluß gefaßt worden, die Watteerzeugung auszubauen und zu diesem Zweck in Wien eine Bleicherei nach dem Muster der Zentrale in Heidenheim einzurichten. Wie immer ich später entscheiden würde, es schien mir jedenfalls unmöglich, das Unternehmen gerade zu diesem Zeitpunkt im Stich zu lassen und meinen Beruf aufzugeben. Das wäre mir wie ein Akt der Untreue gegen meinen Generaldirektor vorgekommen, der mich so gefördert und so großes Vertrauen in mich gesetzt hatte, als er meine den Aufbau der österreichischen Zweigfabrik betreffenden Ratschläge gegen manche Widerstände im Stammhaus befolgte und durchsetzte. Niemand konnte freilich zu jener Zeit ahnen, daß Österreich schon sehr bald dem Deutschen Reich angegliedert werden würde, wodurch alle Maßnahmen, die damals als so richtig erschienen, illusorisch werden sollten. Die ersten Tage und Wochen nach der Wiederaufnahme meiner Arbeit waren also ausgefüllt mit intensiver Tätigkeit in der Fabrik. Mit der Einrichtung der Wattebleicherei war bereits begonnen worden, und es gab viele Entscheidungen zu treffen, die während meiner Abwesenheit zurückgestellt hatten werden müssen. Ich war fast verwundert, daß ich mich nach den geschilderten Erlebnissen wieder ganz in der diesseitigen Realität zurechtfand.

In diese Zeit der inneren Aufarbeitung des Erlebten fällt ein Traum von großer Intensität und dementsprechend nachhaltigem Eindruck:

Ich fand mich auf einem Gutshof vor, wie ihn sich wohl jedermann erträumen würde; alles war in paradiesischer Fülle da. Ein Gutshaus mit erlesen ausgestatteten Wohnräumen, in den Schränken kostbares Porzellan, die Vorratskammern wohl bestellt, die Scheunen gefüllt mit reifem Korn und duftendem Heu im Überfluß. Voll Staunen und Bewunderung ging ich überall umher. Aber ich war nicht allein. Viele Menschen waren da, alle erfüllt von der gleichen Freude wie ich. Es war wie auf einem großen harmonischen Fest, das keinen Wunsch offen läßt.

Schlagartig änderte sich das Bild. Zuerst fingen nur einige der Anwesenden an, das eine oder andere der vorhandenen Güter zu zerstören. Bald wurden es mehr und schließlich viele. Der eine warf das kostbare Porzellan zu Boden, der andere beschädigte die schönen Möbel. Ein dritter trampelte im Hof auf den goldenen Ähren herum. Das duftende Heu wurde in die Nässe geworfen und faulte, kurz, eine unbeschreibliche Unordnung entstand ringsum, die in Auflösung und Zerstörung des prächtigen Besitzes überging. Ich erschrak maßlos über dieses unerwartete und unbegreifliche Verhalten der Leute und konnte mir nicht erklären, was das alles zu bedeuten hatte, und was die Menschen veranlaßte, so gegen alle Vernunft und alle Erwartungen die glückhaft erlebte Harmonie des Ganzen zu stören.

Mitten in dieses Werk der Zerstörung hinein ertönte plötzlich eine laute, überall hörbare Stimme: „Der Herr kommt!" Dieser Ruf verwandelte die Szene schlagartig. Jeder, der an der Verwüstung beteiligt war, suchte sich zu verstecken. Die Panik war furchtbar, das Entsetzen stand den Fliehenden auf den Gesichtern. Alle stoben auseinander, jeder suchte sich zu verbergen, ohne Rücksicht auf den anderen. Es war wie bei einer Feuersbrunst: Rette sich, wer kann! Ein Bild sehe ich heute noch vor mir: Grauen und furchtbare Angst standen auf dem Gesicht eines Mannes. Mit seinen Händen und Nägeln grub er fieberhaft ein Loch in den weichen Boden, schneller und schneller, um wenigstens seinen Kopf in das Loch hineinpressen zu können. Sein ganzer Wille schien darauf gerichtet, diesem Herrn, den die Stimme angekündigt hatte, zu entkommen, wenigstens seinen Anblick nicht ertragen zu müssen, so aussichtslos sein Bemühen, sich zur Gänze in dem Loch zu verbergen, der Vernunft auch erscheinen mußte.

Auf dem Höhepunkt des Schreckens rings um mich herum ging der Traum in Erwachen über. Anders als bei einem gewöhnlichen Traum. Wer träumt nicht oft unsinnige Dinge, erwacht und vergißt alles wieder? Hier reichte das Erlebte ins volle Bewußtsein herein und mit dem schauerlichen Bild auch der Schrecken darüber. Was war das, fragte ich mich. Die Antwort auf die Frage schien mir naheliegend, ja die Deutung ergab sich mir damals von selbst, obwohl die Zerstörung der Werte noch nicht so weit gediehen war wie heute. Auch konnte ich den damaligen Stand dieser Entwicklung – es war vor dem Zweiten Weltkrieg – noch nicht so klar erkennen. Aber vieles des bis dahin Erlebten, der Lauf der Welt selber – alles war für mich eine Auslegung des Traumes. Wiederum könnte ich keine besseren Worte finden, als sie der prophetische Geist Kardinal Newmans schon im Jahre 1877 in einem Brief formuliert hat:

„Der religiöse Skeptizismus greift schauerlich um sich, und das große Unglück ist, daß von vornherein ein allgemeines Übergewicht zum Glauben hin gegeben ist, weil er vernünftiger und glaubhafter erscheint. Eine Vorstellung gewinnt die Oberhand, daß große Umwälzungen kommen werden, so daß die Menschen an den Atheismus glauben, bevor sie die christliche Offenbarung entdeckt haben."

In einem anderen Brief aus dem Jahr 1882 heißt es: *„Wie innerlich elend muß das Leben des Menschen ohne das Evangelium sein – und heute tut man das äußerste, um unseren einzigen Trost zu vernichten! Ich halte es wirklich für eine ansteckende Krankheit, und sie greift seltsam um sich ... Möge Gott uns alle vor dieser schrecklichen Täuschung der letzten Tage bewahren! Was steht uns bevor? Ich schaue mit wehem Mitleid, und ich möchte sagen, mit Schaudern auf die nächste Generation."*

Auch eine heitere Episode aus dieser Zeit will ich festhalten, weil sie ein Licht auf die gesellschaftliche Situation wirft, in der ich mich damals befand: Frau Waldeck war begreiflicherweise um mich besorgt. Meine Konversion im Juni hatte sie noch verstehen können. Aber was sich nun im Oktober ereignet und was sie ja in den Anfängen miterlebt hatte, dann die zwei Reisen nach Salzburg, deren wahren Zweck sie nicht kannte, aber mit dem Geschehen in Zusammenhang brachte, das alles weckte in ihr den Verdacht, ich sei vielleicht einem religiösen Wahn verfallen. Solange es sich nur um religiöse Gespräche in ihrem Salon gehandelt hatte, war ihr alles sehr interessant vorgekommen, aber nun malte sie sich in ihrer Phantasie allerlei Gefahren aus, die mir drohen könnten. Sie sparte auch nicht mit Vorwürfen gegen Kern, den sie dafür verantwortlich machte, daß es so weit mit mir gekommen sei. Nun war ich, wie sie wußte, befreundet mit dem Besitzer und Leiter des Sanatoriums Rekawinkel, der größten privaten Nervenheilanstalt Österreichs, einem gewissen Dr. Weiß, einem anerkannten Psychiater. Eines Tages, als ich vom Büro heimkam, fand ich zu meinem Erstaunen eben diesen Arzt zu Gast bei Frau Waldeck vor. Bald stellte sich heraus, daß sie ihn gebeten hatte, mich zu besuchen, um zu prüfen, ob ich nicht vielleicht an einer seelischen Störung litte. Dr. Weiß war es sichtlich peinlich, als sich der wahre Grund der Einladung herausstellte. Aber wir kannten einander so gut, daß wir beide die komische Seite der Situation humorvoll bejahten und der Arzt schließlich Frau Waldeck bestätigte, ich sei zwar vielleicht ein wenig überarbeitet, aber sonst fehlte mir nichts. – Frau Waldeck ließ sich übrigens später selber taufen, noch vor ihrer Verschleppung nach Theresienstadt, wo sie als Katholikin gestorben ist.

Eines Tages war ich wieder einmal bei Weiß eingeladen. Es war einige Zeit vor dem Anschluß, die bedrohliche Entwicklung zeichnete sich bereits ab. Dr. Hajek hatte mir schon früher erzählt, sein Freund Weiß sei heimlich, ohne Wissen seiner Frau und seiner zwei erwachsenen Kinder, zur katholischen Kirche übergetreten. Heimlich deshalb, weil besonders seine Frau streng am jüdischen Glauben festhalte und er seine Ehe nicht belasten wollte. Diese Mitteilung war mir jedoch so unglaubwürdig erschienen, daß ich sie fast vergessen hatte. Aber nun wurde ich in unerwarteter Weise daran erinnert. Wir saßen bei Tisch, Frau Weiß präsidierte an der Tafel. Die Unterhaltung kam irgendwie, ohne jede Absicht, auf ein religiöses Thema. Frau Weiß äußerte dazu einige Ansichten in ihrer gewohnt selbstsicheren, dezidierten Art. Dr. Weiß hingegen sprach auf seine stille, verinnerlichte Weise. Dabei fielen auch Worte über Jesus Christus, die mich aufhorchen ließen. Mit einem Blick auf Frau Weiß erkannte ich, daß sie zunächst aufmerksam zuhörte, bald aber unruhig wurde. Plötzlich, als ihr Mann noch weiter, fast meditierend, über Christus sprach, fuhr sie erregt auf und rief ihm laut, fast drohend zu: „Sigismund, was sagst du da? Du bist ein Verräter!“ Es war eine äußerst peinliche Szene, zumal vor mir als Gast und vor den Kindern, die erschrocken und fassungslos dreinschauten. Am meisten erschrocken über den Ausbruch seiner Frau war Dr. Weiß selbst, der nun bemerkte, daß er sich zu weit vorgewagt hatte. Er redete beschwichtigend auf sie ein und suchte das Gesagte zu verharmlosen. Wahrscheinlich meinetwegen schien sich alles wieder zu beruhigen, aber es konnte natürlich kein unbefangenes Gespräch mehr aufkommen, und sobald es angängig war, verabschiedete ich mich mit dem sicheren Gefühl, daß die eigentliche Aussprache der Eheleute noch folgen würde.

Dr. Hajek habe ich bei nächster Gelegenheit den Vorfall erzählt. Er erinnerte mich gleich an das, was er mir schon von seinem Freund Weiß anvertraut hatte, und meinte, jetzt hätte ich selbst erlebt, wie sich die Sache verhalte. Wie es wirklich darum stand, habe ich nie mit Sicherheit erfahren, und Dr. Weiß kam auch niemals auf diese Szene zurück. – Mit Anbruch des NS-Regimes verlor Dr. Weiß seinen ganzen Besitz unter den unwürdigsten Bedingungen. Als die Schikanen gegen die Juden immer mehr zunahmen, er auch seiner Praxis enteignet worden war und mit seiner Familie buchstäblich vor dem Nichts stand, traf ich ihn einmal wieder und nahm ihn im Taxi von Hietzing in die Innere Stadt mit, wo er bei irgendeinem Amt vorgeladen war. Soviel ich weiß, war damals schon den Juden das Fahren mit der Straßenbahn verboten. Unvergeßlich sind mir seine Worte geblieben: „Wissen Sie“, sagte er sinnend und nachdenklich, wie er immer sprach, „ich glaube, ich muß von hier weg: Ich fürchte, ich könnte sonst noch hassen lernen.“ Er war einer der edelsten Menschen, denen ich in meinem Leben begegnet bin. Sein gewiß utopischer Plan war, nach Shanghai auszuwandern und dort in einem Elendsviertel als Armenarzt zu wirken. Er hat es ernst gemeint. Aber ich habe seine Spur ganz aus den Augen verloren und weiß nicht, was aus ihm und seiner Familie geworden ist.

Auch das Schicksal meines Freundes Dr. Hajek erfüllte sich in dieser Zeit. Es mag stellvertretend für viele andere jüdische Tragödien festgehalten werden, die ich in Wien miterlebte. Das Charakteristische an der Behandlung der Juden nach der Machtergreifung Hitlers war, daß die Brutalität nicht sofort in ihrem vollen Ausmaß einsetzte, sondern sich sozusagen in Raten konsequent, zunächst bis zur Kristallnacht, steigerte. Daher kam es, daß nicht alle Juden sofort fluchtartig das Land verließen, sondern nur jene, die hellsichtig genug waren, oder solche, die persönliche Feinde hatten und daher keine Nachsicht erwarten durften. Hajek hatte viele Klienten, vorwiegend „kleine Leute"; er hatte keine Feinde, war ein guter Österreicher und empfand eine besondere Hochachtung für das Volk der Dichter und Denker, wie er oft sagte. Erst langsam, sehr langsam, gingen ihm die Augen auf. Es war erschütternd mitzuerleben, wie er, der gebildete Humanist, allmählich das Vertrauen in die Menschheit verlor und dennoch die nackten Realitäten verkannte. Als schließlich schon alles verloren war, was er sich mit Fleiß erarbeitet hatte, Praxis und Haus ihm weggenommen worden waren und er mit seiner Frau in einem kleinen Zimmer in der Marc-Aurel-Straße hauste, wollte er trotz allen Zuredens noch immer nicht ins Ausland. Vorsorglich begann er, eine handwerkliche Tätigkeit zu erlernen, indem er, völlig unbegabt zu jeder Handarbeit, sich an Gürteln und Ledertaschen versuchte, um damit gegebenenfalls seinen Lebensunterhalt verdienen zu können.
Ganz schlimm wurde es für ihn, als er den Judenstern an der Brust tragen mußte. Jetzt durfte er nicht mehr wagen, sich auf eine Parkbank zu setzen, und konnte keine Straßenbahn mehr benützen. Trotzdem riskierte er es, uns manchmal noch in Hietzing zu besuchen, wobei er eine Aktentasche so an seine Brust hielt, daß sie den Judenstern verdeckte. Jeder solche Besuch war lebensgefährlich.

Aber noch vor dieser schlimmsten Zeit der vollkommenen Ächtung erlebte ich eine große Freude mit Dr. Hajek. Er, der nach seinen eigenen Worten ein Leben lang große Achtung vor der katholischen Kirche hatte, ohne aber glauben zu können, begann zu begreifen, daß die Menschheit wahrhaft erlösungsbedürftig sei. Hatte er als Humanist gemeint, der Zustand der Welt könne durch menschliche Reformen und Verbesserung der Gesetze verändert werden, so sah er nun gleichsam das wahre Gesicht des Menschen und begriff, daß das grundsätzliche Übel der Menschennatur tiefer saß, eben im Sündenfall, den zu beheben menschliche Anstrengungen nicht vermochten. Dies hatte ja schon die Religion seines eigenen Volkes gelehrt, die inmitten der Vielgötterei der umliegenden Nationen den einen Gott verkündet und durch die Propheten den Erlöser immer wieder verheißen hatte. Derartige Erwägungen und die Gebete, in denen er in seiner Verzweiflung endlich den Gott seiner Väter anflehte, bewirkten, daß ihm die Gnade des Gaubens geschenkt wurde. Es war erschütternd, als er mir eines Tages unter Tränen eröffnete, daß er sich taufen lassen wolle, zusammen mit seiner geliebten Frau. Nach dem damals gebräuchlichen „großen Ritus" wurde er in die heilige Kirche aufgenommen. Es war der letzte wirklich glückliche Tag seines Lebens.

Als die Not für die in Wien noch lebenden Juden aufs höchste gestiegen war, machte Hajek geheimnisvolle Andeutungen, daß er bald verschwinden werde. Ich solle aber nicht beunruhigt sein. In einer Parfümerie im 1. Bezirk, deren Namen ich vergessen habe, werde er einen Zettel für mich hinterlassen. Darauf werde stehen, wo er sich mit seiner Frau aufhalte. Seine Angaben waren trotz allem so mysteriös, daß ich mir absolut nicht vorstellen konnte, was er vorhatte. Seine Verschwiegenheit war jedoch nur Rücksichtnahme auf mich und meine Familie, die er nicht in Gefahr bringen wollte. Auch ein Datum nannte er nicht; er kannte es wahrscheinlich selbst noch nicht – es war nur ein Plan. Eines Tages, als ich wieder in die Marc-Aurel-Straße fuhr, um ihn zu besuchen, hieß es dort, Dr. Hajek sei mit seiner Frau spurlos verschwunden; abgeholt worden sei er nicht, vielleicht habe er sich etwas angetan. Einige Zeit später fuhr meine Frau in die Innen-

stadt und erkundigte sich in der angegebenen Parfümerie vorsichtig nach einer Nachricht für mich. Wir hatten gar nicht recht an den angekündigten Zettel geglaubt. Aber tatsächlich: Man händigte meiner Frau ein Papier aus, auf dem nichts stand als eine Adresse. Es handelte sich um eine Gärtnerei am Rande von Wien, am Schafberg.
Wir berieten einige Tage, was zu tun sei. Schließlich beschlossen wir, daß meine Frau in die angegebene Gärtnerei fahren sollte, um dort unauffällig ein paar Blumen zu kaufen und einen Eindruck von den dort wohnenden Leuten zu gewinnen. Meine Frau machte sich also auf den Weg und berichtete, nachdem sie weit länger als erwartet ausgeblieben war, folgendes: Die Gärtnerei befand sich auf einer relativ schmalen, aber langen Parzelle am Hang eines Hügels. Sie wurde von einer freundlichen und – wie meine Frau gleich herauszubekommen wußte – katholischen Frau, Rosa Pserer, betreut.[10] Nachdem man einige Zeit geplaudert hatte, fragte meine Frau nebenbei, ob die Gärtnerin vielleicht zufällig einen gewissen Rechtsanwalt Hajek kenne. Diese hatte auf das Stichwort nur gewartet und wußte sofort, mit wem sie es zu tun hatte. Sogleich kam auch die Vorgeschichte ans Licht: Die Frau war vor Jahren einmal Hajeks Klientin gewesen. Er hatte ihr in irgendeiner Sache sehr geholfen und damit einen großen Dienst erwiesen. Als sie nun ihrerseits von der Not der Hajeks hörte, hatte sie sich entschlossen, die beiden „dem Herrgott zuliebe" aufzunehmen, bis der Krieg vorüber wäre und die Judenverfolgung aufgehört hätte. Dr. Hajek mag die Frau in der Ansicht bestärkt haben, daß der Krieg nicht mehr lange dauern konnte – das war damals (Anfang oder Mitte 1942) immer seine Hoffnung gewesen. So hatte die Gärtnerin also die Hajeks aufgenommen – in dieser Zeit eine heroische Tat! Zudem waren die Nachbarn der Frau nicht gut gesinnt, und obendrein lebte noch eine Schwester im Haus, die etwas schwachsinnig war und leicht ausplaudern konnte. Weil die „Gäste" unvermeidlicherweise auch von Kindern und Nachbarn gesehen wurden, erzählte die Frau rundum, sie hätte Besuch aus der Tschechoslowakei.

Meine Frau wurde zu den Hajeks geführt, denen man im ersten Stock des kleinen Hauses ein Zimmer eingeräumt hatte. Die erste Komplikation war schon eingetreten. Hajek fühlte sich krank. Die Gärtnerin war zu einem ihr bekannten und wohlgesinnten Arzt gegangen, um ihn einzuweihen und um einen Besuch zu bitten. Als sie im Wartezimmer saß, hörte sie ein Telefongespräch des Arztes mit an, welches von diesem so unvorsichtig geführt wurde, daß sie nicht mehr wagte, ihn ins Vertrauen zu ziehen. Ratlos war sie wieder weggegangen. Meine Frau unterhielt sich nun mit dem Ehepaar Hajek, erkundigte sich genau, was sie am wichtigsten brauchten, und versprach, wiederzukommen und bis dahin alles zu besorgen.

Bald aber verschlimmerte sich die Situation weiter: Hajek begann laut zu schreien, wohl vor Schmerzen, wahrscheinlich wußte er auch schon nicht mehr, was er tat; denn er, der sonst so rücksichtsvoll war, brachte dadurch seine Gastgeberin in die größte Gefahr, weil die Nachbarn ihn hören mußten. Noch ehe meine Frau zum zweitenmal kam, starb er eines Nachts. Seiner Frau konnte man den Tod tagelang verschweigen. Aber was sollte nun mit der Leiche geschehen? Die Gärtnerin konnte Hajek ja nicht beerdigen lassen, ohne sich zu verraten. Die Leiche im Garten zu vergraben, war wegen der Nachbarn unmöglich. An das Haus war ein Schuppen angebaut, der mit Brennholz gefüllt war. Die Frau räumte nun bei Nacht das aufgeschichtete Holz weg und machte eine Grube. Dann wickelte sie den Leichnam in ein Leintuch und bedeckte ihn mit Kalk. Vorsorglich legte sie eine Flasche dazu, die einen Zettel mit dem Namen des Toten und der Mitteilung enthielt, daß dieser Jude während der Schreckensherrschaft Hitlers gestorben sei und man, falls die Leiche später gefunden würde, nicht denken solle, hier sei ein Mord geschehen. Den Nachbarn wurde bei dieser Gelegenheit erzählt, es sei nur noch die Frau da, der Mann sei wegen seiner Krankheit in die Heimat zurückgefahren.

Lange konnte man Frau Hajek den Tod ihres Mannes freilich nicht verbergen. Sie war nun in dieser schrecklichen Lage allein. Wahrscheinlich an gebrochenem Herzen starb die Arme kurz darauf ebenfalls. Sie war immer schon eine zarte, kränkliche Frau gewesen. Jetzt kam das Schwierigste für die Gärtnerin: Wohin

mit dieser zweiten Leiche? Schließlich kam sie auf die Idee, an einer Stelle des Gartens, die von den Nachbarn weniger eingesehen werden konnte, ein entsprechend großes Loch zu graben und, falls sie dennoch deswegen gefragt würde, zu sagen, sie wollte dort einen Baum setzen. So wurde auch Frau Hajek begraben wie ihr Mann, aber ohne eine Flasche mit der verräterischen Botschaft, weil die Gärtnerin in ihrer Angst und Aufregung befürchtete, die Nachbarn könnten auf die Vermutung kommen, sie hätte Wertgegenstände, etwa Gold vergraben. Die schwachsinnige Schwester hatte nämlich schon öfters verfängliche Dinge gesagt und die Nachbarn damit auf manche Fragen gebracht. Es geschah jedoch nichts, und allmählich ließ die drückende Angst der Gärtnerin nach, daß die Leichen doch noch gefunden würden und damit alles aufkommen könnte. Meiner Frau erzählte sie, sie habe zwar alles aus Liebe zu Gott auf sich genommen, sei aber schließlich nervlich so mitgenommen gewesen, daß sie ein zweitesmal kaum den Mut aufbrächte, etwas Derartiges zu wagen.
Die Hajeks wurden nach dem Krieg exhumiert und in geweihter Erde beigesetzt.

Zurück zu meiner eigenen Geschichte. Sobald es der Beruf zuließ, folgte ich einer Einladung meines Freundes Kern, mit ihm ins Stift Heiligenkreuz zu fahren und dort einige Tage in der Stille des Klosters zu verbringen. Es war das erste Kloster, das ich als gläubiger Katholik betrat, noch ganz unter dem Eindruck jener Erlebnisse vom 4. und 5. Oktober. Kern und ich hatten je ein Zimmer in der Klausur und durften am Offizium der Mönche teilnehmen. Zum erstenmal begriff ich überwältigt, daß ich bisher in einer profanen Welt gelebt hatte und daß diese durch einen Abgrund getrennt ist von der sakralen Welt Christi, dessen Geist mir hier von allem ausgestrahlt zu werden schien. Was ich bis dahin erlebt hatte, kam mir mit einemmal öde und leer vor, verglichen mit dem geistigen Glanz, der hier auf allem lag. Alles war für mich neu und erfüllte meine Seele mit einem Frieden und einem Glück, das ich in solcher Art nie gekannt hatte. Aber gerade dadurch beschäftigte mich auch unausgesetzt die Frage, was Gott letztlich von mir wolle.

Wenige Monate zuvor war ich zur katholischen Kirche übergetreten. Ich stand am Neubeginn meines Lebens und ahnte gerade erst, was Christsein bedeutet, welche Schätze ich noch zu entdecken und welche Umgestaltung meiner selbst ich zu vollziehen hatte; und hier dieser neue Aufruf an mich! Auf langen Spaziergängen in den herbstlich gefärbten Wäldern rund um das Stift besprach ich all die Fragen, die mich bedrängten, mit Kern. Durch ihn erfuhr ich nun viel Neues über die Persönlichkeit des Philosophen Dietrich von Hildebrand. Er war der einzige Sohn des berühmten Münchner Bildhauers Adolf von Hildebrand. Schon mit 15 Jahren hatte er die Dialoge Platons gelesen, und nichts zog ihn so sehr an wie die Erforschung der Wahrheit. So begann er das Studium der Philosophie in München, ging dann nach Göttingen und promovierte bei Husserl. Seine leidenschaftliche Wahrheitssuche führte ihn in geradliniger Konsequenz zur Fülle der Wahrheit Christi: Mit 25 Jahren trat er zur katholischen Kirche über, die er seither glühend liebte und die zum Zentrum seiner geistigen Existenz wurde. In Wien setzte er nach seiner im Jahre 1933 erfolgten Flucht aus München den Kampf sowohl gegen den atheistischen Kommunismus als auch gegen den Nationalsozialismus fort. Kern erzählte mir, welche Gefahren das für Hildebrand heraufbeschwor, und wie er, Kern, Hildebrand oft zu seinen Vorlesungen an der Wiener Universität begleiten mußte, um ihn vor Angriffen zu schützen.

Was aber für mich am wichtigsten war: Hildebrand hatte in Wien einen Kreis von Menschen um sich gesammelt, vor dem er jede Woche Vorträge zur religiösen Weiterbildung und Vertiefung hielt. Zu diesen Abenden wurde ich über Kern eingeladen und sagte mit Freuden zu; hatte ich doch den glühenden Wunsch, in die Tiefe der katholischen Wahrheit einzudringen und alles bisher Versäumte nachzuholen. Die Vorträge Hildebrands behandelten philosophische und religiöse Themen. Der Kreis um Hildebrand bestand vorwiegend aus gläubigen, praktizierenden Katholiken. Es kamen jedoch zu den Abenden, die ungefähr zweimal wöchentlich stattfanden, auch immer einige Studenten und ebenso unreligiöse, aber suchende Menschen, und so waren die Diskussionen, die sich regelmäßig an die Vorträge anschlossen,

sehr lebhaft und interessant. Zum erstenmal begann ich die eminente Bedeutung der Wahrheitsfrage für alle Gebiete des Wissens zu begreifen. Vor allem aber ging mir auf, welch wichtige Voraussetzung eine wahre Philosophie für den übernatürlichen Glauben darstellt. Ich war bis dahin der Meinung gewesen, es sei mehr oder weniger gleichgültig, welche Vorstellungen man von den natürlichen Dingen habe, besonders gleichgültig auch, welcher philosophischen Richtung man zuneige oder welche man sich zu eigen mache, wenn man nur die geoffenbarte Wahrheit im Glauben festhalte. Jetzt wurde Philosophie für mich plötzlich zu einem erregenden Erlebnis. Der Zusammenhang mit der Religion wurde mir evident, und ich begann, auch die bis dahin erschienen Bücher Hildebrands mit größtem Interesse zu lesen und gleichsam das Philosophiestudium nachzuholen, das jeder Student der Theologie zu absolvieren hat.
In der theologischen Themenreihe sprach Hildebrand damals an mindestens zehn Abenden über die heilige Messe. Diese Vorlesungen sind mir noch in deutlicher Erinnerung. In ihnen kam der tiefgläubige, katholische Philosoph zu Wort. Nie habe ich früher oder später so systematisch über das Mysterium der Meßfeier und der Eucharistie sprechen hören. Das war naturgemäß etwas ganz anderes als der kurze Katechismusunterricht bei Professor Pfliegler. Hildebrand hatte eine besondere Beziehung zur Liturgie. Sein Buch *Liturgie und Persönlichkeit* war damals schon erschienen. Alles, was er über die heilige Messe vortrug, fand in mir die lebhafteste Bejahung, weil meine eigenen Erlebnisse dadurch eine, wenn ich so sagen darf, wissenschaftlich-theologische Bestätigung fanden, die mich tief beglückte: Ja, das ist die Wahrheit, so ist es, so unsagbar herrlich, tief, bedeutsam ist das, was in jeder heiligen Messe geschieht, so jubelte es gleichsam während der Vorträge in mir; die Eucharistie ist das zentralste Geheimnis der Kirche, die gläubige Teilnahme daran von unermeßlichem Wert. Damals ging mir erstmals die Wahrheit der Worte des hl. Thomas von Aquin auf: „Eine einzige Gnade ist mehr wert als das ganze Universum."

Jeder, der das Glück hatte, Hildebrand kennenzulernen und zu hören, war beeindruckt von seiner Fähigkeit, die Schönheit des katholischen Glaubens zum Leuchten zu bringen. Seine philosophischen Einsichten hatten sein Glaubensleben befruchtet und ihn befähigt, die „klassische Katholizität" in einer Tiefe zu erfassen, wie es wenigen Menschen beschieden ist. Das war um so erstaunlicher, als sowohl sein Vater, Adolf von Hildebrand, als auch seine Mutter nominell Protestanten, tatsächlich aber ungläubig waren. Die Hildebrands führten in München ein großes Haus, ein eben solches in Florenz, verkehrten mit vielen bedeutenden Menschen, darunter bedeutenden Künstlern, und so hatte Dietrich als der Jüngste und als einziger Sohn nach fünf Mädchen die reichsten künstlerischen und geistigen, aber keinerlei religiöse Anregungen. Sein Interesse richtete sich schon in jungen Jahren auf die Philosophie; eine kleine Episode aus seiner Kindheit ist bereits bezeichnend für seine spätere Entwicklung: Die älteren Geschwister sprachen mit dem damals sieben Jahre alten Bruder aus irgendeinem Anlaß über die Person Jesu Christi. Die Schwestern hatten der Ansicht Ausdruck verliehen, daß Christus wohl eine bedeutende Persönlichkeit oder ein Prophet gewesen sei, aber im übrigen eben ein gewöhnlicher Mensch. Zu ihrer Verblüffung widersprach der jüngere Bruder leidenschaftlich und rief schließlich seinen Schwestern zu: „Ich schwöre euch, Jesus war eben kein gewöhnlicher Mensch, sondern der Sohn Gottes!" Die fünf Schwestern sind ihm später in Abständen auf dem Weg der Konversion gefolgt; sie haben alle seinen Aufstieg zum bedeutendsten katholischen Philosophen der damaligen Zeit noch erlebt.

Die Zeit von Oktober 1937 bis Februar 1938 war für mich eine der glücklichsten meines Lebens. Es war eine unsagbare Freude, unter der Führung Hildebrands das „Depositum Fidei" der Kirche, das einzigartige Phänomen des Lehramtes,[11] die großen heiligen Kirchenlehrer und überhaupt das Wesen und die Notwendigkeit der Umgestaltung des Menschen in Christus[12] kennenlernen zu dürfen.

Immer noch stand ich vor der Frage, ob ich in ein Kloster eintreten oder Priester werden sollte. Um mir in dieser Frage weitere Klarheit zu verschaffen, beschloß ich mit meinem Freund Kern

einen Besuch im Benediktinerkloster Seckau, das dem Stammkloster Beuron in Süddeutschland zugehörte. Anläßlich des Festes Epiphanie 1938 fuhren wir in die Steiermark und wurden, ähnlich wie in Heiligenkreuz, aufs freundlichste aufgenommen. Wieder wohnten wir in der Klausur, hatten jeder ein eigenes Zimmer und durften am Offizium der Mönche und an den Mahlzeiten im Refektorium teilnehmen. Mein Eindruck war noch überwältigender als jener in Heiligenkreuz. Wir atmeten förmlich den Geist des hl. Benedikt und bekamen einen tiefen Einblick in die gelebte Benediktinerregel, die monastische Disziplin und die ungeheure Bedeutung des Benediktinerordens für das Abendland und seine Kultur. Ich erkannte, daß das Klosterleben zwar nur eine spezielle Ausformung des christlichen Lebens ist, daß es aber zu dessen Reichtum gehört, wenn sich Mönche im klausurierten Kloster ganz der Kontemplation und dem Gotteslob widmen. Es waren glückliche Tage in Seckau, Tage der Bereicherung meines Lebens, nach deren Ablauf ich mich entschloß, Oblate der Abtei Seckau zu werden.
Im Hildebrand-Kreis wurde inzwischen der Vorschlag eines belgischen Benediktiners namens Père E. Vandeure erwogen, ein „Kloster in der Welt“ zu gründen. Der Gedanke war der, daß sich Laien, die die Ganzhingabe an Christus geloben wollten, zusammenschlossen, um nach besonderen Statuten zu leben, ohne ihren Beruf aufzugeben. Jeder sollte an seinem Platz bleiben, wie das auch bei den ersten Christen der Fall war, und durch die totale Hingabe an Christus einen eigenen, wirksamen Beitrag zur Wiederverchristlichung des Abendlandes leisten. Wir hörten schon damals, daß dieser Gedanke unabhängig von Père E. Vandeure in gleicher oder ähnlicher Art auch in anderen Ländern diskutiert wurde, ja sogar bereits realisiert worden war. Mir erschien eine solche Nachfolge Christi besonders einleuchtend, weil ich gerade in meinem Arbeitsbereich täglich und ganz drastisch erleben konnte, welche Kluft zwischen dem Christentum und der Berufswelt bestand, eine Kluft, die immer weiter und tiefer zu werden schien.

Aber noch ehe dieser Gedanke bei uns ausreifen konnte, verschlimmerte sich die politische Lage radikal. Hildebrand hatte seinen ideologischen Kampf gegen den Nationalsozialismus auch in Österreich fortgesetzt. Viele seiner Freunde hatten schon kapituliert, viele hatten ihn gewarnt, andere die Parolen Hitlers verharmlost. Damals konnten wir zum erstenmal erleben, in welch hohem Maß Hildebrand die Fähigkeit zur Unterscheidung der Geister besaß. Er lehnte die Parteiideologie kompromißlos ab, zeigte die ungeheuren Konsequenzen für die menschliche Gesellschaft auf, sobald Hitler ganz Europa besetzt haben würde, kurz, er war ein unbestechlicher, weil klarsichtiger Gegner des Regimes. Wir wußten zuverlässig, daß die Gestapo den Befehl hatte, Hildebrand nach einer etwaigen Festnahme sofort zu erschießen. Andererseits hatten wir mit unseren Freunden in Salzburg abgesprochen, daß wir von ihnen sogleich telefonisch verständigt würden, sobald die bereits an der Grenze zusammengezogenen deutschen Truppen einmarschieren sollten.

Da ereignete sich ein Vorspiel, das allen Freunden Hildebrands klarmachte, daß wir unseren geliebten Lehrer bald verlieren sollten, und daß ebenso unseren Plänen zur Bildung einer religiösen Laienbewegung in absehbarer Zeit der Boden entzogen werden würde. Es war Fasching 1938, und wir hatten beschlossen, in meiner Wohnung einen heiteren Abend zu veranstalten, um einmal die täglichen Sorgen und Aufregungen für ein paar Stunden zu vergessen. Wir waren etwa dreißig Personen, der engste Kreis um Hildebrand, bei mir versammelt und unterhielten uns bis in die frühen Morgenstunden. Hildebrand stellte auch in diesem fröhlichen Kreis die Hauptperson dar, denn er war der glänzendste Gesellschafter, den man sich denken kann. Er erzählte unzählige lustige Anekdoten aus seinem Leben – ebenso viele Witze wie der Wiener Kabarettist Karl Farkas im „Simpl" – und las zum Abschluß aus seinem geliebten Molière. Als meine Gäste aufbrachen, waren alle in der heitersten Stimmung. Die schweren Gewitterwolken am Horizont hatten wir in dieser fröhlichen Nacht vergessen. Am folgenden Tag war ich froh, als ich pünktlich um fünf Uhr das Büro verlassen konnte, und wollte mich von der durchwachten Nacht erholen. Kaum hatte ich mich hingelegt, als ich angerufen wurde. Kern war am Apparat. Seine Stimme klang tiefernst und verändert, als er mich bat, sogleich mit

dem Auto zu Hildebrands Wohnung in die Habsburgergasse zu kommen. Ich versuchte, zu erfahren, was denn los sei, aber Kern lehnte jede Erklärung ab, und ich begriff, daß irgend etwas geschehen war, was er am Telefon nicht sagen konnte. Mit meinem kleinen Steyr 50 bei Hildebrands angekommen, traf ich die engsten Freunde der Familie in heller Aufregung. Kern erzählte mir in aller Eile, daß aus Salzburg der Anruf gekommen sei, die deutschen Truppen wären einmarschiert. Ich solle Hildebrand mit seiner Frau sogleich nach Marchegg fahren, damit sie von dort aus unauffällig mit dem Nachtzug noch über die Grenze fliehen könnten, denn die Wiener Bahnhöfe würden sicher sofort gesperrt bzw. streng kontrolliert werden.
Die Aufregung der Anwesenden war unbeschreiblich. Frau Hildebrand war der Verzweiflung nahe und erklärte, nicht noch einmal fliehen zu wollen. Alle redeten auf sie ein, das Notwendigste wurde in Koffer gepackt, man schoß hin und her, die Verwirrung in diesem eiligen Aufbruch war begreiflich. Schließlich mußte ich noch erklären, daß das Gepäck angesichts des kleinen Autos beschränkt werden müsse. Endlich fuhren wir, als es schon dämmerte, in Richtung Marchegg ab.

Das Marchfeld ist bekanntlich eine recht schwach besiedelte Ebene. Ich war nie vorher dort gewesen, kannte die Gegend bloß vom Hörensagen. Nach einiger Zeit hörten die Ortschaften auf, und ich sah im Scheinwerferlicht nur mehr endlose Äcker und unbebaute Felder. Es war stockfinster, der Himmel sternklar, „Hitlerwetter", wie hinter mir im Fond des Wagens festgestellt wurde. Es war schon lange immer geradeaus gegangen, und ich spähte nach Lichtern, in der Annahme, bald Marchegg erreicht zu haben, als plötzlich der Motor aussetzte und nicht mehr ansprang. Was sollte in der Dunkelheit geschehen, ohne Licht, ohne irgendeine menschliche Behausung ringsum? Wir waren bestürzt, denn jedem von uns war bewußt, daß Hildebrands Leben in höchster Gefahr war, wenn wir den Zug verfehlten! Während ich die Kühlerhaube öffnete, ohne Hoffnung, den Fehler zu finden, hörte ich, wie meine Mitfahrer anfingen, den Rosenkranz zu beten. Resigniert schloß ich den Deckel und versuchte nochmals zu starten. Der Motor sprang an, als wäre nichts gewesen. Erleichtert atmeten wir auf. Aber nach etwa hundert Metern standen wir schon wieder still. Dieses Spiel wiederholte sich noch dutzende Male. Es war für den armen Professor Hildebrand eine furchtbare Nervenprobe, denn wir kamen nur noch ganz langsam, in Etappen, vorwärts. Als wir schließlich die Lichter von Marchegg in der Ferne auftauchen sahen, mußten wir endgültig kapitulieren. Der Bahnhof war nicht mehr rechtzeitig zu erreichen. Es blieb nichts anderes übrig, als ein Gasthaus zu suchen und dort zu übernachten. Mittlerweilen war es etwa 22 Uhr geworden. In der Gaststube saßen noch einige Leute beisammen, die überrascht aufsahen, als zu so später Stunde eine kleine Gesellschaft auftauchte. Hildebrand vermutete in den Leuten Nazis und sprach mit seiner Frau französisch, was aber den Leuten, die uns neugierig betrachteten, nur noch mehr auffallen mußte. Schließlich bekamen wir etwas zu essen und auch Zimmer, die wir bald aufsuchten.

Auffallend war, daß im Gebaren der Leute nichts auf einen Einmarsch deutscher Truppen schließen ließ, alle waren gelassen und ohne jede Aufregung. Fragen stellen wollten wir nicht und erklärten uns die Ruhe im Ort damit, daß eben die Nachricht noch nicht bis in diesen Winkel Österreichs gedrungen war.

Kern und ich hatten unser Zimmer neben dem des Ehepaares Hildebrand. Der einzige, der schlief, war Kern. Ich selbst war zu erregt, um Schlaf zu finden, und ich hörte, daß auch die Hildebrands die ganze Nacht hindurch wachten und beteten. Der kommende Morgen würde ja entscheiden, ob Hildebrand sein Leben retten konnte oder nicht – wie konnte er da ans Schlafen denken.

Als es endlich hell wurde, trafen wir uns beim Frühstück. In einer Stunde sollte der erste Zug über die Grenze fahren. Der Bahnhof lag etwas außerhalb des Ortes, ein Autobus fuhr direkt vom Gasthof zum Bahnhof. Auch jetzt ließ sich bei den Wirtleuten und im Ort keine Spur von Aufregung bemerken. Wir setzten uns also in den Bus. Unterwegs, das vergesse ich nicht, rezitierte Hildebrand seine Lieblingsgedichte von Mörike. Er schien äußerlich völlig gefaßt. Persönlich an den Schalter zu gehen, wagte er aber nicht und bat mich, die Fahrkarten zu holen. Ich bekam sie anstandslos. Der Zug stand schon da, die Hildebrands stiegen ein, Kern begleitete sie. Ich blieb allein am Bahnsteig unter dem Fenster der Freunde. Einige hundert Meter gegen Osten war die Eisenbahnbrücke über die March zu erkennen. Hildebrand blickte immer wieder dort hinüber zur nahen Grenze. Man sah seinen gespannten Zügen an, daß er fürchtete, die Nachricht vom Einmarsch könnte noch vor der Abfahrt des Zuges kommen und die Grenze gesperrt werden. Endlich das Signal zur Abfahrt! Wir winkten und winkten, bis der Zug in der Ferne über die ersehnte March-Brücke fuhr und verschwand. Ich wußte, in diesem Augenblick fiel die Todesangst von meinem geliebten Freund ab und er war zunächst einmal gerettet.[13]

Nun war der Augenblick gekommen, das Auto so schnell als möglich richten zu lassen. Der Grund der eigenartigen Panne war eine verlegte Benzinleitung gewesen. Nach einer Stunde war der Schaden behoben. Ich wollte ja schnellstens nach Wien zurück, das ich schon von deutschen Truppen besetzt glaubte. In höchstem Tempo brauste ich nun Richtung Wien. Der Tag war wolkenlos wie die Nacht, und ich fuhr direkt zu Freunden, die beim Schottentor wohnten. Auf den Straßen war alles normal, nirgends ein Zeichen für das große Ereignis, das inzwischen in der Hauptstadt bekannt geworden sein mußte. Als ich in die Wohnung der Freunde stürmte, kam die Erklärung: Die Meldung aus Salzburg war falsch gewesen! Der Einmarsch hatte nicht stattgefunden, unsere aufregende Flucht war umsonst gewesen! Eine Last fiel von mir ab. Nur eine kleine Sorge blieb: In dem Gästebuch des Landgasthauses hatten wir uns mit vollem Namen eingetragen, und ich dachte an die Folgen, die daraus entstehen könnten.

Von Hildebrand kam nach wenigen Tagen Nachricht. Er hatte natürlich im Ausland alles in den Zeitungen gelesen und kehrte – zu unserer Überraschung – wieder nach Wien zurück. Unsere aufregende Flucht sollte aber dennoch nicht ganz vergeblich gewesen sein, ja vielleicht war sie sogar lebensrettend auf Grund der dadurch gewonnenen Erfahrungen. Denn als die Deutschen später wirklich einmarschierten, fuhren wir nicht mehr über Land an die Grenze. Wir brachten Hildebrand und seine Frau direkt zum Südbahnhof. Mit dem letzten Zug, der Wien noch ohne strenge Kontrolle verließ, entkamen Hildebrand und seine Frau in die Freiheit. Noch in der gleichen Nacht war die Gestapo in ihrer Wohnung, fand aber nur mehr das Dienstmädchen vor. Sie suchten in allen Kästen und denkbaren Verstecken, selbst im Kamin, den Hildebrand manchmal als ganz sicheren Schlupfwinkel erwähnt hatte. Von dem Mädchen erfuhren wir auch, daß die Wohnung noch tagelang unter scharfer Beobachtung stand, bis schließlich ein Möbelwagen vorfuhr und die ganze Einrichtung beschlagnahmt und weggeführt wurde.

Vorläufig aber kehrte Hildebrand nochmals zurück, und unsere Abende bei ihm nahmen ihren beglückenden Fortgang. Freilich wußten wir alle, daß die endgültige Trennung unmittelbar bevorstand. Wir ahnten, daß nach der Besetzung Österreichs ein Krieg immer unvermeidlicher sein würde. So lag ein Schatten auf den letzten Zusammenkünften. Eine ungewisse, bedrohliche Zukunft zog herauf. Wir wußten, wie sehr Hildebrand das Abendland liebte, Österreich und besonders Wien, dessen Schönheit er in allen Einzelheiten kannte und bewunderte. Es war ein schwerer Abschied, aber das Glück, daß er nach vielen Gefährdungen und Beschwernissen wohlbehalten die Vereinigten Staaten erreichte und in New York an der Harvard-Universität einen Lehrstuhl erhielt, überwog schließlich den Schmerz der Trennung.

Übrigens gelang auch dem Sohn Hildebrands, Franz, die Flucht. Zwar holte ihn die Gestapo in Feldkirch aus dem Zug, aber, unbemerkt von dem SS-Mann, gelang es ihm im letzten Augenblick, auf den schon fahrenden Zug aufzuspringen. In Bogotá baute er sich ein neues Leben auf.

13. Bestätigung und Erfüllung in dunklen Zeiten

Den Einmarsch Hitlers habe ich in Wien miterlebt.[14] Die ganze Stadt war auf den Beinen. Ich wohnte in Hietzing, konnte aber von dort mit dem Auto nur bis in die Nähe des Westbahnhofs gelangen, dann mußte ich mich zu Fuß weiter in die Innere Stadt begeben, denn aller Verkehr stockte wegen der dichten Menschentrauben in den Straßen. Schon nach wenigen Tagen gab es kleine, aus Blech gestanzte Hakenkreuze zu kaufen. Es war erstaunlich: Jedermann trug sie in dieser ersten Zeit, denn gerade die Gegner, die Gefährdeten, die Juden steckten sie am ehesten an, um sich zu tarnen.

Ich hatte im Büro außer anderen Schützlingen[15] einen Halbjuden, der mit dem katholischen Gefängnisgeistlichen des „grauen Hauses" befreundet war. Dieser erzählte ihm vertraulich von den dortigen Vorgängen: Tag für Tag wurden viele Kommunisten und Sozialdemokraten mit dem Fallbeil hingerichtet. Nach jeder Hinrichtung mußte der gekachelte Raum mit einem Schlauch abgespritzt und vom Blut gereinigt werden. Bald sickerten auch die ersten Nachrichten über die Behandlung der Häftlinge in den Konzentrationslagern durch, und immer mehr Gegner des neuen Regimes wurden in den frühesten Morgenstunden abgeholt und verschwanden.

Es war einige Monate nach dem Anschluß, zu einer Zeit, als die Angst vor der Tyrannei schon wie Blei über der Stadt lag. Ich hatte mit einem Rechtsanwalt einen Termin für zwölf Uhr in seiner Kanzlei am Stephansplatz vereinbart. Da ich etwas zu früh kam, wollte ich noch ein paar Minuten in den Dom. Zu meiner großen Überraschung war die sonst um diese Zeit schwach besetzte Kirche gedrängt voll von Menschen, so daß man keinen Sitzplatz mehr, ja kaum noch Platz zum Stehen finden konnte. Ich vermutete irgendeine Veranstaltung und fragte einen neben mir stehenden Mann nach der Ursache der Menschenansammlung. Etwas erstaunt über meine Unwissenheit antwortete er, daß der „Domprediger" um zwölf Uhr sprechen werde. Ja, welcher Domprediger denn? Da hörte ich zum erstenmal den Namen Otto Mauer. Ich beschloß, einige Minuten zuzuhören und meinen Rechtsanwalt kurz warten zu lassen. Dabei strebte ich zu einem Platz unter der Kanzel, um den mir bis dahin unbekannten Geistlichen auch sehen zu können. Gleich darauf drängte sich ein junger, etwa dreißigjähriger Priester mit einem schmalen, blassen Gesicht durch die Menge und bestieg die Kanzel. Er begann zu sprechen, und zwar mit einer Rhetorik, wie ich sie nie zuvor gehört hatte, und ich war sofort fasziniert. Das Wort „Nationalsozialismus" kam in der ganzen Predigt kein einzigesmal vor, aber schon nach wenigen Minuten mußte jeder im Dom wissen, daß von den neuen Herren die Rede war, ja nur von diesen. Was Otto Mauer sagte, war eine so glänzende, geistreiche Kritik am Regime, eine so vernichtende Kritik, daß ich wie gebannt stehen blieb, meinen Rechtsanwalt vergaß und die ganze Predigt anhörte. Ich wußte damals nicht, was ich mehr bewundern sollte: die rhetorische Perfektion oder den geradezu tollkühnen Mut des Predigers. Im Dom herrschte atemlose Stille. Als Mauer die Stufen der Kanzel herabkam, ging er auf dem Weg zur Sakristei an mir vorbei. Ich konnte ihn genau sehen. Sein Gesicht war ruhig, aber schweißüberströmt. Man sah, daß der Sprecher sich restlos verausgabt hatte in der Leidenschaft seiner Hingabe an das Thema. Seine Kräfte mußten völlig erschöpft gewesen sein. Ich war tief beeindruckt und glaubte, dieser Priester würde in der nächsten Minute von der Gestapo verhaftet werden, aber zu meinem Erstaunen geschah nichts. Es kam mir vor wie ein Wunder. Bei späteren Predigten Otto Mauers sah ich oft Schauspieler vom Burgtheater im Dom, mehrmals zum Beispiel Raoul Aslan, der immer schräg gegenüber der Kanzel saß und dem Prediger zuhörte, aber ebenso zusah, so faszinierend war auch seine Gestik.

Trotz meiner „Wehrfähigkeit" erlebte ich die ganze Zeit des „Dritten Reiches" bis zu seinem schrecklichen Ende in Wien. Das kam daher, daß ich Betriebsführer einer Verbandstoffabrik war. Verbandstoffe waren kriegswichtige Güter, und so war ich vom Dienst mit der Waffe freigestellt und unterstand, wie alle Betriebsführer kriegswichtiger Betriebe, dem Oberkommando der Wehrmacht. Diese Tatsache war für mich in vieler Hinsicht ein großer Schutz, wie sich im Verlaufe des Krieges immer deutlicher herausstellen sollte. Alle Weisungen, welche die Fertigung von Verbandsmaterial für das Heer betrafen, bekam ich von einer besonderen Heeresstelle. Um den Anforderungen nachzukommen, richtete ich in Atzgersdorf einen eigenen Fabrikationsbetrieb ein. Aber es mußte natürlich weiterhin auch der private Bedarf an Verbandmaterial und der Bedarf der Spitäler erzeugt werden, und hinsichtlich dieses Betriebes in Meidling unterstand ich der Deutschen Arbeitsfront, der sogenannten DAF, die sehr bald herausgefunden hatte, welche Gesinnung ich vertrat, und sich dementsprechend verhielt. So hatte sich zum Beispiel herumgesprochen, daß ich in beiden Betrieben nie mit Heil Hitler grüßte, sondern meinen Arm nur sehr lässig hob, wenn Leute von der DAF kamen. Nach dem Krieg erzählte mir der Betriebsobmann, selbst einstiger Parteigenosse, daß ich im Büro der DAF auf meiner Personalienkarte lauter schwarze Punkte hatte; die Partei hätte mich längst von meinem Posten entfernt, wäre nicht das Büro der Wehrmacht hinter mir gestanden.

(An dieser Stelle möchte ich, der Herausgeber und Sohn von Hellmut Laun, eine weitere Episode aus dieser Zeit einfügen, die mir mein Vater erzählt hat: In der eben erwähnten Fabrik von Atzgersdorf war irgendein schwerwiegenderer Fehler passiert, und die Behörden argwöhnten einen Sabotage-Akt. Die gesamte Belegschaft wurde zusammengerufen, um den Vorfall zu untersuchen, und auch mein Vater mußte sich der Untersuchungskommission stellen. Dabei ging es auch um die Frage, wie sorgfältig mein Vater seine Aufsichtspflicht wahrgenommen hatte. Es ist klar, daß eine Aussage zu seinen Gunsten von größter Bedeutung für ihn war, ja über Leben und Tod entscheiden konnte. Aber alle schwiegen – bis auf eine Arbeiterin, die vortrat und für ihn aussagte. Ausgerechnet diese Frau aber war eine Jüdin. Das wußte außer meinem Vater zwar niemand, aber es wäre ja auch möglich gewesen, daß jemand Nachforschungen angestellt hätte, wer diese Frau denn sei ...!
Wie schwierig die Lage für ihn als Betriebsführer war, zeigt auch

noch eine zweite seiner Geschichten, die mir in Erinnerung geblieben ist: Anläßlich des Attentats auf Hitler mußte jeder Betriebsführer ein Telegramm nach Berlin schicken, um einerseits seine Empörung über Staufenberg und die anderen Attentäter und andererseits die Freude über das Mißlingen des Anschlags zum Ausdruck zu bringen. Mein Vater beriet sich sogar mit seinem Beichtvater, wie er sich dieser Pflicht ohne zu lügen entledigen könne. Zuvor allerdings hatte er noch einen Kollegen getroffen und diesen vorsichtig nach dessen Telegramm befragt. Bereitwillig las ihm der andere einen Text flammender Empörung vor, woraufhin mein Vater schwieg und seinen trockenen kurzen Satz für das Telegramm wohlweislich in der Tasche lies.)

Zwei heitere Episoden beleuchten meine damalige Situation, die zwar durch meinen katholischen Glauben verschärft wurde, die aber auch zeigt, wie mich die Vorsehung bewahrte: Unser Hildebrand-Kreis bestand sehr intensiv weiter, war jedoch der Zahl nach kleiner geworden. Was meine eigene Entscheidung für die Zukunft betraf, so mußten alle Gedanken an den Eintritt in ein Kloster zurücktreten. Ich war nun Oblate der Benediktinerabtei Seckau geworden, weil mich die benediktinische Lebensweise bzw. Ordensregel besonders anzog. Aber ein förmlicher Eintritt in Seckau hätte bedeutet, daß ich sofort zum Militär eingezogen worden wäre. Seckau wurde überdies, wie das seit langem vorauszusehen war, bereits im April 1940 von der Gestapo aufgehoben und, wenn ich mich recht erinnere, in eine Nationalpolitische Erziehungsanstalt („Napola") umgewandelt. Die älteren Patres, die nicht mehr wehrfähig waren, zerstreuten sich in alle Himmelsrichtungen. Der Prior, Pater Virgil Redlich, kam dadurch in engeren Kontakt mit unserem Kreis und war oft bei uns in Wien zu Gast.

Ich wohnte damals im obersten Stockwerk unseres Bürogebäudes in der Hohenbergerstraße in Meidling, nahe der Philadelphiabrücke. Wenn ich das Haus verließ, mußte ich unten, am Fabrikseingang, an der Portiersloge vorbei, die, weil wir ein Wehrmachtsbetrieb waren, zu jeder Tages- und Nachtzeit besetzt zu sein hatte. Mein Fortgehen und meine Rückkehr, aber auch jeder Besucher meiner Wohnung wurde stets registriert. Seit meinem Erlebnis im Oktober ging ich täglich zur heiligen Messe in eine kleine Klosterkirche mit unauffälligem Eingang, die etwa zehn Minuten entfernt lag. Dort war um sieben Uhr die Frühmesse, so daß ich um acht Uhr, zum Beginn der Bürozeit, leicht wieder zurück sein konnte. Damit mein morgendlicher Spaziergang nicht allzu sehr auffiel, hatte ich gelegentlich die Bemerkung gemacht, ich käme zu wenig an die Luft und unternähme deshalb täglich vor der Bürozeit einen Spaziergang.

Nun hatte meine langjährige Sekretärin eines Tages gekündigt, weil sie heiraten wollte. Eine neue Kraft zu finden, war nicht leicht: weniger aus Personalmangel, sondern es war schwierig, eine Person zu finden, der man auch weltanschaulich genügend vertrauen konnte. Fast wöchentlich hatte ich Briefe an meinen Generaldirektor in Württemberg zu schreiben, und dieser war alles eher als Parteigenosse. Aber auch sonst bekam meine Sekretärin zwangsläufig viel Einblick in mein Privatleben, und so mußte ich, weil schon genug belastet, vorsichtig sein. Schließlich fand ich eine Dame mittleren Alters, die in jeder Hinsicht entsprach und auch charakterlich alle Voraussetzungen zu erfüllen schien. Nach ihrer politischen Gesinnung direkt zu fragen, war natürlich nicht möglich. Sie trat an einem 1. Oktober den Dienst an. Alles versprach, über Erwarten gut zu gehen, nur wußte ich eben nicht, wie sie wirklich dachte.

So kam der letzte Tag des Jahres, Silvester. Es war Brauch, daß im Laufe des Vormittags ein Angestellter nach dem anderen zu mir kam, um mir die üblichen Neujahrswünsche auszusprechen. Diese ganze Gratulationszeremonie ging über meine Sekretärin. Schließlich war das Büro ganz leer, nur sie selbst hatte im Vorzimmer noch einige Handgriffe zu erledigen. Als letzte kam sie herein, sichtlich ein wenig verlegen. Wir wechselten ein paar Worte, und nun wünschten wir einander alles Gute, nachdem ich ihr noch meine besondere Zufriedenheit und meinen Dank zum Ausdruck gebracht hatte. Sie war wirklich eine der besten Kräfte, die ich jemals gehabt hatte. Dann wandte sie sich zur Tür, um zu gehen, drehte sich aber nochmals um und zögerte. Sichtlich hatte sie noch etwas auf dem Herzen, so daß ich sie ermunterte, ihr Anliegen doch vorzubringen. Nun kam wörtlich heraus: „Ich wollte Ihnen nur sagen, daß ich noch nie einen so gottesfürchtigen Chef hatte; aber dafür werde ich Ihnen auch mit dreifacher Treue dienen.“ Dann schloß sie schnell die Tür hinter sich, denn es war ihr sichtlich schwergefallen, das auszusprechen. Ich blieb einige Sekunden völlig verblüfft zurück und überlegte, ob mein Privatleben vielleicht schon in aller Munde war, ohne daß ich eine Ahnung davon hatte. Woher wußte sie in der kurzen Zeit so viel über mich? Ich hörte sie noch im Vorzimmer, bat sie nochmals herein und fragte sie, wie sie denn das, was sie zum Schluß gesagt hatte, gemeint habe. Leicht erstaunt sagte sie: „Ja, Sie gehen doch täglich in dieselbe Messe, in die auch ich gehe!“ Meine Verblüffung war vollkommen, denn ich hatte sie bis dahin nie bemerkt. Das war erstaunlich und nur dadurch erklärbar, daß die kleine Klosterkirche ziemlich dunkel war und meine Sekretärin bei ihrem Kirchgang im Winter immer eine Art Kapuze trug, die ihr Gesicht ganz verbarg. Jeder Grund zur Beunruhigung war also weggefallen.

Viele Gefahren, von denen ich in meinem damaligen Berufsleben umgeben war, blieben mir glücklicherweise verborgen, von manchen erfuhr ich dann nach dem Zusammenbruch. Eine davon will ich noch erwähnen, weil sie mit der obigen Episode zusammenhängt: Ich hatte in jenen Tagen oft bezweifelt, ob es überhaupt halbwegs glaubhaft sein konnte, daß ich mit so auffallender Regelmäßigkeit in aller Frühe meinen „Spaziergang“ machte. Besonders auffallend, wenn es regnete oder schneite, und noch auffallender, daß ich immer in die gleiche Richtung wegging, obwohl wir nahe des Meidlinger Tors des Schönbrunner Parks wohnten, und es also eher anzunehmen gewesen wäre, daß ich dorthin spazierte.

Wir beschäftigten im Betrieb vorwiegend Frauen. Diesen waren schließlich meine allmorgendlichen Gänge aufgefallen. Teils wurde ich unterwegs gesehen, teils plauderte der Portier, kurz, alle waren schließlich neugierig, wohin ich so früh und mit so schöner Regelmäßigkeit ging. Die Frauen beschlossen also, der Sache auf den Grund zu kommen. Sie verabredeten, daß eine von ihnen mir unauffällig folgen und feststellen sollte, was hinter diesen „Spaziergängen" steckte. Die Auserwählte ging mir nach und sah mich in dem schon erwähnten Haus verschwinden. Es war klar, ich ging in das Klosterkirchlein, das hinter dem unauffälligen Hauseingang in einem Hinterhof lag. Eilends lief die Spionin zurück zur Fabrik, im Vorgefühl der Befriedigung, ihre Neuigkeit allen Kolleginnen mitteilen zu können. Sie stürmte förmlich in den Betriebssaal hinein. Alle zwanzig oder dreißig Frauen und Mädchen sahen erwartungsvoll auf die Botin. Diese rief triumphierend: „Wißt ihr, wo unser Chef morgens immer hingeht? Na, das werdet ihr nicht glauben!" Und dann: „Beten tut er, beten!"

Natürlich wußte es noch am selben Tag jeder im Büro und in der Fabrik, die Neuigkeit ging wie ein Lauffeuer herum, je nach Einstellung verschiedenartig kommentiert. Der Betriebsobmann erfuhr es ebenfalls, und die DAF mußte spätestens am Abend auch davon Kenntnis erhalten. Sicher war ich nicht der einzige Katholik in ihrer Kartei, aber daß ein Betriebsführer täglich in die Messe ging, das war gewiß ein Sonderfall. Noch heute wundert es mich, daß die Partei mich weiter duldete und nicht für meine Einberufung sorgte. Die gnadenlose Unterdrückung aller Andersdenkenden wurde von Jahr zu Jahr massiver und unerträglicher. Die furchtbare Realität des Bösen, das mysterium iniquitatis, wie es die Kirche nennt, wurde all denen, die vom Zeitgeist nicht angesteckt waren, immer deutlicher sichtbar, war förmlich mit Händen zu greifen. Aber man konnte auch wahre, tief erbauliche und tröstliche Heldentaten erleben. Es ging wie ein gewaltiger Sturm durch die bequeme, laue Mittelmäßigkeit aller Schichten des Volkes, das gemütliche Dahinleben war zu Ende, und von allen wurden täglich, ja stündlich Entscheidungen gefordert. Man kann über solche Notzeiten einer ideologischen Diktatur, noch verschärft durch den totalen Krieg, später nachlesen, wenn das Unwetter vorüber ist. Aber sie sieben Jahre lang Tag für Tag zu erleben, ist etwas ganz anderes. Für viele Gläubige war es eine Zeit der großen Glaubensprüfung. Wie konnte ein guter und allmächtiger Gott solche Greuel zulassen, wie sie allenthalben sichtbar wurden? Die alte Frage! Für mich, der ich die Allmacht und Allwissenheit Gottes so eindringlich erlebt hatte, stellte sie sich in voller Schärfe, und so wird man verstehen können, welche inneren Leiden mir jene sieben Jahre verursacht haben, obwohl ich durch die Güte Gottes vor dem Ärgsten bewahrt blieb.

Aber ich will zu der noch immer offenen Frage zurückkehren, wie ich das Erlebnis vom Oktober beantworten sollte, welche Entscheidung ich letzten Endes zu treffen hatte. Nach der Flucht Hildebrands war ich meines Lehrers beraubt, des Menschen, zu dem ich vollstes Vertrauen hatte. Unser Kreis bestand noch immer, Pater Virgil Redlich, der Prior des aufgelassenen Klosters Seckau, besuchte uns regelmäßig. Aber wie schwierig war es, in jener verworrenen Zeit einen Entschluß zu fassen, der mein ganzes Leben entscheidend bestimmen sollte! Jedoch Gottes Vorsehung wirkt nicht allein im Inneren des Menschen; seine Liebe erstreckt sich auch auf dessen äußere Geschicke, wie ich oft erfahren durfte. Hildebrand war auf seiner Flucht bis Frankreich gekommen. So ergab sich für mich die Möglichkeit, ihn in Paris zu treffen. Es war ein beglückendes und bewegtes Wiedersehen! Ich besprach mit dem Freund, als den ich ihn seit geraumer Zeit bezeichnen durfte, alle meine Probleme. Auch die Möglichkeit, Gott als Laie durch möglichst vollkommene Hingabe in der Welt zu dienen, auf dem Platz, auf dem ich stand, wurde eingehend erörtert. Hildebrand war durch sein Leben im freien Ausland viel besser als ich in Wien darüber unterrichtet, daß solche Pläne da und dort schon Gestalt angenommen hatten.[16] Ich selber hatte durch mein bisheriges Leben in der Industrie täglich aufs neue bestätigt bekommen, wie sehr die Technisierung der Wirtschaft einer unkontrollierbaren geistlosen Dynamik und Eigengesetzlichkeit folgte und wie richtig Donoso Cortez vorausgesagt hatte, daß eine von Gott losgelöste Gesellschaft sich von selbst zerstöre; ebenso der hl. Augustinus, als er im Geiste sah: *„Weil wir dich, Gott, verlassen haben, darum hast du uns preisgegeben an uns selbst*."

Wie sollte dieser Prozeß anders aufgehalten werden als durch eine Wiederverchristlichung der Gesellschaft? Solche und ähnliche Gedanken, die alle ihre Wurzeln in meinen Erlebnissen hatten, ließen in mir den Entschluß reifen, zu welchem auch Hildebrand riet, nämlich in der Welt als Laie ganz Ernst zu machen und Christus nachzufolgen. Mit dieser Entscheidung war auch der Vorsatz verbunden, mich einer Laienbewegung anzuschließen, sobald die äußeren Verhältnisse dies erlauben würden.

Wir trennten uns in Paris, und sollten uns jahrelang nicht wieder sehen, ja sogar ohne einander schreiben zu können oder irgend etwas voneinander zu erfahren. Erst eine gewisse Zeit nach Beendigung des Krieges kam Hildebrand wieder jedes Jahr während der Universitätsferien nach Europa. Er hatte in Fordham einen überraschend großen Kreis von Schülern gefunden und eine überaus fruchtbare Tätigkeit entfaltet So leidenschaftlich er das Abendland, seine geistige Heimat, liebte: Er wollte beruflich nicht mehr nach Europa zurück.

Von Paris heimgekehrt, fühlte ich mich nun insofern wie befreit, als ich endlich wußte, welcher Weg einzuschlagen war. Noch immer gab es unseren kleinen Kreis von Gleichgesinnten. Wir trafen uns regelmäßig und trugen gemeinsam „einer des anderen Last“ in der immer drückender erlebten Furchtbarkeit des Krieges und der Tyrannei. In eben diesem Kreis begegnete mir eines Tages auch wieder jene junge Dame, die auf mich seinerzeit in der Salzburger Franziskanerkirche einen so großen Eindruck gemacht hatte. Wenige Monate später heirateten wir. An einem strahlenden Herbsttag wurden wir von dem mit uns befreundeten Professor Dillersberger getraut. Etwa eine Woche zuvor hatten wir am Standesamt Hitlers „Mein Kampf“ als Hochzeitsgabe bekommen.
Von meinem Generaldirektor kamen warmherzige Glückwünsche, aber als Hochzeitsurlaub erhielt ich nur drei Tage dienstfrei mit der Begründung: „Jetzt heißt es, alle Mann an Bord.“ So konnten wir von Salzburg, wo die Hochzeit stattgefunden hatte, bloß nach St. Wolfgang fahren, dann mußten wir wieder nach Wien zurück.

Meine Frau war die Tochter eines Salzburger Arztes. Sie war bei den Ursulinen zur Schule gegangen und erzählte mir oft, welch ausgezeichneten Religionsunterricht sie dort genossen hatte. Als sie dann in Innsbruck und Wien Naturwissenschaft studierte, kam sie – besonders in Wien – in eine liberale Umgebung: Sie hatte Professoren, die ganz ungläubig waren, und oft wurde sie von ihren Kommilitonen wegen ihrer katholischen Praxis gehänselt. Trotzdem – und darüber konnte ich nie genug staunen – hatte sie niemals Glaubenszweifel. Nach Abschluß ihres Botanikstudiums wurde sie Leiterin des Studentinnenheims der Salesianerinnen am Rennweg[17] und später Sekretärin bei Professor Hildebrand, der in Wien einen Verlag gegründet hatte.

Durch meine Frau lernte ich nun die Praxis der heiligen Kirche in einer Weise kennen, wie dies weder aus Büchern allein noch sonst möglich gewesen wäre. Ich weiß nicht, wie ich die letzten, schwierigen Berufsjahre während des NS-Regimes ohne die Hilfe meiner Frau überstehen hätte können.
Wenn ich das ungeahnte Glück, das letztlich unbegreifliche Geschenk einer sakramental gelebten Ehe schildern will, klingt mir Haydns Schöpfung in den Ohren; vermag doch die Musik Dinge auszusagen, die mit Worten nicht mehr hinreichend ausgedrückt werden können. Eine meinem Empfinden adäquate Aussage steht nur in der Heiligen Schrift des Alten Bundes, Worte voll Schönheit und metaphysischer Tiefe, voll Geist und Wahrheit: „Eine starke Frau, wer wird sie finden? Ihr Wert gleicht den Dingen, die von weit her kommen, von den äußersten Enden. Es vertraut auf sie das Herz ihres Mannes, und an Gewinn wird es nie fehlen. Sie erweist ihm nur Gutes, nie Böses, alle Tage ihres Lebens“ (Spr 31, 10). Auch im Sakrament der Ehe erweist sich, was für alle Sakramente der heiligen Kirche gilt: Sie bedeuten nicht nur etwas, sie bewirken etwas in den Seelen derer, die sie gläubig empfangen; sie lassen sich nicht beweisen, aber ihre Wirkung läßt sich erleben.

Ich fand in meiner Ehe freilich auch Wahrheiten aus einer anderen Quelle bestätigt, die sich mir erst in späteren Jahren erschloß, als ich die Schriften Hildebrands „Reinheit und Jungfräulichkeit“ und – viel später – „Das Wesen der Liebe“ kennenlernte: Im Freundeskreis nannten wir Hildebrand den „doctor amoris“, und in der Tat, das Schrifttum Hildebrands über die Liebe ist nach meiner Auffassung das Tiefste, was darüber gesagt werden kann. Nur ein hochbegabter Philosoph, der zugleich ein tiefgläubiger Katholik und dazu ein Mensch mit umfassender Bildung und reicher Lebenserfahrung war, konnte solche Einsichten haben. Wenn ich an diesen Klassiker der wahren Liebe denke und an den vom Gott der Liebe bestimmten Sinn ehelicher Liebe, an die atemberaubende Schönheit, die in ihr sichtbar wird, verglichen mit den kümmerlichen Surrogaten dessen, was vielfach als Ehe gelebt wird, dann erschließt sich die Wahrheit der Worte der hl. Theresia: „Der Weg zur Hölle ist schon eine Art Hölle, der Weg zum Himmel ist schon eine Art Himmel."

Als die Russen schon vor Wien standen, sollte ich noch zum Volkssturm eingezogen werden. Die Musterung erfolgte durch Militärärzte, aber an jedem Tisch war ein SS-Mann in Uniform anwesend. Jeder, der halbwegs laufen konnte, wurde genommen. Ohne eine richtige Ausbildung erhalten zu haben, wurden die Armen, die das Pech hatten, zu dieser letzten Reserve eingezogen zu werden, gegen die russischen Kampfverbände eingesetzt. Kaum einer kam lebend zurück, wie ich später hörte. Zum Glück hatte ich noch Röntgenaufnahmen von meiner schweren Fußverletzung gefunden, Aufnahmen des berühmten Professor Böhler! Ich bandagierte also den längst geheilten Fuß, um ihm durch die starke Druckbinde ein blaß-krankes Aussehen zu verleihen, humpelte am Stock zur Musterungsstelle und zeigte dem Arzt eines der Bilder. Aus Erfahrung wußte ich, daß ein Scheingelenk nur schwer zu diagnostizieren ist. Professor Böhler war in dieser Kunst ein Meister gewesen. Der Arzt hob das Bild gegen das Licht und zeigte es dem beisitzenden SS-Mann. Dieser war offenbar von dem zertrümmerten Knochen sehr beeindruckt und sagte lakonisch zum Schriftführer: „Untauglich." Ein Stein fiel mir vom Herzen. Tags darauf verließ ich Wien und gelangte noch vor dem einsetzenden Zusammenbruch zu meiner Frau nach Salzburg.

Aber noch ein Rückgriff ist wichtig, und ich stelle ihn bewußt, gegen die Chronologie der Ereignisse, an das Ende: Im Oktober

1942 wurde unser zweiter Sohn geboren. Geburtshelfer war ein lieber Freund der Familie, Dr. Niedermeyer. Vor dem Anschluß hatte er Vorlesungen über Pastoralmedizin an der Universität Wien gehalten, verbrachte dann, wie viele andere Regimegegner, einige Zeit im KZ und war nach seiner Entlassung als Frauenarzt in Wien tätig. Dieser versprach mir, mich gleich nach der Entbindung zu benachrichtigen. Ich ging zu Bett, blieb in Erwartung des Anrufes noch lange wach, schlief aber endlich ein. Gegen Morgen, etwa um fünf Uhr, klingelte das Telefon neben meinem Bett. Niedermeyer war am Apparat und gratulierte mir zu einem Sohn. Dann zögerte er ein wenig und sagte, ich solle nicht erschrecken, der Bub habe im Gesicht einen kleinen Geburtsfehler; man könne ihn aber operativ leicht beseitigen, es sei eine Hasenscharte. Niedermeyer bemerkte mein Entsetzen und fügte zur Beruhigung noch hinzu: „Keine Sorge, aus dem Kind kann ja nach der Operation alles werden, es kann jeden Beruf ergreifen, nur – Priester werden kann er gerade nicht, wegen des Predigens..." Tausend Gedanken gingen mir durch den Kopf, bis endlich Zeit war, aufzustehen und in die Klinik zu fahren. Meine Frau war gefaßt, aber doch auch schreckerfüllt. Als mir das Kind von der Schwester gebracht wurde, erschrak ich von neuem, denn die nicht geschlossene Öffnung in der Oberlippe war sehr entstellend. Dazu fiel mir jezt ein, früher schon Kinder mit einer Hasenscharte gesehen zu haben, die – meiner Erinnerung nach – immer einen geistig zurückgebliebenen Eindruck gemacht hatten.

Nun, unser Andreas – diesen Namen gaben wir dem Kind – wurde schließlich von einem hervorragenden Fachmann, Professor Pichler, in Wien operiert. Die Operation erfolgte in zwei Etappen und gelang so gut, wie es besser gar nicht hätte gehen können. Leider hat der unvergeßliche Dr. Niedermeyer nicht mehr erlebt, daß unser Sorgenkind später gerade das wurde, was er als einzigen Beruf ausgeschlossen hatte: Priester!

Daten zu Hellmut Laun im Überblick

1902, 14. September	Geburt in Königsbronn
1908–1920	Schulzeit
1920	Eintritt in die Paul-Hartmann-AG, Heidenheim
1923, Herbst	Übersiedlung nach Innsbruck
1929, Frühjahr	Motorradunfall in Tirol
1931	Übersiedlung nach Wien
1937, Frühjahr	Verlust der Finger
1937, 21. Juni	Konversion
1937, 4. Oktober	Franziskus-Nacht
1938, Februar	Flucht mit Hildebrand an die Grenze
1939, 25. September	Heirat
1940–1947	Geburt der vier Kinder Johannes (1940), Andreas (1942), Maria (1945, sie starb wenige Wochen nach der Geburt) und Assunta (1947).
1981, 25. Jänner	Tod in Salzburg

Nachwort
von Andreas Laun OSFS

Andreas Laun ist der zweite Sohn von Gertrud und Hellmut Laun. Er wurde am 13. Oktober 1942 in Wien geboren. 1962 trat er in die Ordensgemeinschaft der Oblaten des hl. Franz von Sales ein. 1967 wurde er in Eichstätt (Bayern) zum Priester geweiht. 1973 promovierte er, 1981 habilitierte er als Dozent für Moraltheologie an der Universität Wien. Seit 1981 lehrte er mit kurzen Unterbrechungen als Professor für Moraltheologie an der Katholischen Hochschule Heiligenkreuz bei Wien und an der Ordenshochschule der Salesianer Don Boscos in Benediktbeuern (Bayern). Am 25. Jänner 1995 wurde Andreas Laun zum Weihbischof in Salzburg ernannt. Seine Bischofsweihe fand am 25. März 1995 statt.

1. Zur Entstehung dieses Buches

Der Weg, den mein Vater bis zum Eintritt in die katholische Kirche zurücklegen mußte, war, wie seine Erzählungen ja zeigen, voller Schwierigkeiten und Mühen. Endlich in der Kirche sein zu dürfen, nannte er immer das größte Geschenk seines Lebens. Diese Liebe zur Kirche bewirkte unvermeidlich ein tiefes Interesse am Zweiten Vatikanischen Konzil und der folgenden Entwicklung in der Kirche. Als die ersten Krisenzeichen in der Kirche sichtbar wurden und ihm zeitkritische Bücher wie vor allem die seines verehrten Freundes Hildebrand[18] die Augen für manche Fehlentwicklungen öffneten, war er tief betroffen: Die Kirche, für die er so viel gelitten hatte, schien in Gefahr zu sein! Kein Wunder, daß er zunächst für manche konservative Strömungen empfänglich war. Dennoch war er kein wirklich „Konservativer". Denn sein klarer, nüchterner Verstand bewahrte ihn auch in den innerkirchlichen Debatten vor irrational-einseitigen Positionen. Immer war er für Argumente und die Unterscheidung der Geister offen.

Warum hat er das vorliegende Buch geschrieben? In der nachkonziliaren Krise ist wohl die eigentliche Motivation zu suchen, daß er endlich meiner Bitte und dem Drängen etlicher anderer Menschen, vor allem auch dem Josef Seiferts, entsprach und begann, seine Erinnerungen niederzulegen.
Allerdings, um späteren Gedächtnislücken vorzubeugen, hatte er die zentralen Erlebnisse schon damals, unmittelbar nach seinen eigenartigen Erlebnissen, schriftlich festgehalten, wollte sie aber zunächst nicht preisgeben. Jetzt aber, angesichts der in mancher Hinsicht bedrohlichen Entwicklung in seiner geliebten Kirche, glaubte er sich vor Gott verpflichtet, sein Zeugnis abzulegen.
Im Jahr 1973 begann er zu schreiben. Allerdings, seine Herzerkrankung zwang ihn, immer öfters und immer länger auszusetzen, aber sein Wille war ungebrochen. Mehrfach sagte er zu mir: „Ich glaube, Gott will von mir, daß ich dieses Werk vollende. Ich bete darum, daß er mir die Kraft gibt, meine Niederschrift fertigzustellen.“ Er fügte hinzu: „Nur diese Zeit soll mir Gott noch lassen.“ Als sich aber ein Ende der Arbeit abzuzeichnen begann, pflegte er lächelnd hinzuzufügen: „Ich würde schon noch ein paar zusätzliche Jahre gerne leben!“
Nachdem er an den Punkt gekommen war, an dem seine Erzählung in der vorliegenden Form abbricht, überlegte er, was er noch erzählen sollte. Das Ende mit dem Verweis auf meine Priesterweihe schien ihm doch etwas abrupt zu sein, und er fragte auch mich um einen Rat. Aber dazu kam es nicht mehr. Die Spitalsaufenthalte wurden immer häufiger, die Kräfte nahmen ab. Eine Endredaktion oder auch nur das Lesen der Fahnen wären ihm unmöglich gewesen. Die Druckfahnen konnte ich meinem Vater noch ins Salzburger Landeskrankenhaus bringen, aber das Erscheinen seines Buches erlebte er nicht mehr.
Die letzten notwendigen Arbeiten besorgte Elisabeth Lutter. Mit Behutsamkeit und einem hohen Einfühlungsvermögen ordnete sie seine Manuskripte, merzte Wiederholungen aus und bereitete die Drucklegung vor. Sie und ihr Mann waren meinem Vater in herzlicher Freundschaft verbunden, und so habe ich einen doppelten Grund, ihnen an dieser Stelle zu danken.

2. Der Tod

Am 23. Jänner 1981 mußte er wieder einmal ins Spital eingeliefert werden. Diesmal kam er zu den Barmherzigen Brüdern in Salzburg. Angesichts seiner schlechten Verfassung ahnte er wohl das baldige Ende und sprach wiederholt davon. Dennoch hoffte er, das Erscheinen seines Buches sowie die Ankunft Josef Seiferts aus Amerika noch zu erleben. Aber all dies war ihm nicht mehr vergönnt, geschweige denn eine Reise ans Meer, von der er träumte. Aufgrund einer Herz-Insuffizienz litt er an schwerer, quälender Atemnot und konnte infolgedessen auch nicht schlafen. Nach einer schlimmen Nacht vom 24. auf den 25. Jänner sagte er, wie wir später erfuhren, zur Nachtschwester, er könne einfach nicht mehr und wolle sterben. Auf seinen ausdrücklichen Wunsch hin kam seine Frau an diesem 25. Jänner 1981 schon früh ins Spital und blieb den ganzen Vormittag bei ihm, bis zu seinem Tod.

Im Laufe dieses letzten halben Tages seines Lebens erhielt er noch Besuch: Seine Schwägerin Edith Seifert kam, später auch Ernst Wenisch. Hellwach und lebhaft sprach er mit ihnen über Themen, die ihn bewegten: über eine Metternich-Biographie, die er noch gelesen hatte, über Hermann Hesse und dessen falsches Bild vom Christentum, über gewisse katholisierende Tendenzen in Goethes *Dichtung und Wahrheit*, über seinen geliebten Thomas von Aquin.

Subjektiv schien er sich wieder wohler zu fühlen. Er äußerte den Wunsch, am Abend in der Hauskapelle die heilige Messe mitzufeiern. Zum Mittagessen konnte er sich sogar aufsetzen. Der Arzt kam ins Zimmer. Aber während er mit ihm sprach, sank mein Vater, so wurde mir erzählt, plötzlich zurück und war tot. Alle Bemühungen waren vergeblich. Es war ein Uhr, ein Sonntag wie der Tag seiner Geburt, zugleich das Fest der Bekehrung des hl. Paulus.

Bedenkt man, wie „paulinisch" seine Bekehrung verlaufen ist, wird man ohne fromme Übertreibung sagen dürfen: ein sinnvolles Zusammentreffen, als ob jemand es absichtlich so eingerichtet hätte! Übrigens haben meine Eltern in der Privat-Kapelle des großmütterlichen Hauses in der Arenbergstraße geheiratet, und

auch in dieser Kapelle hängt ein Bild von Pauli Bekehrung, ein ziemlich seltenes Motiv in unseren Breiten.
Wir – seine Frau Gertrud und seine Kinder Johannes, Assunta und ich – haben dieses Bild auch auf sein Totenbild setzen lassen. Im Jahre 1995 habe ich das gleiche Motiv auf das Bild zu meiner Bischofsweihe gesetzt.
Die Beerdigung fand dann am 30. Jänner 1981 auf dem Salzburger Kommunalfriedhof statt. Wir haben P. Freidas SJ gebeten, ihn einzusegnen, weil P. Freidas ihn in den letzten Monaten seines Lebens als priesterlicher Freund begleitet und in den Wochen der Krankheit viele religiöse Gespräche mit ihm geführt hatte. Er geleitete ihn dann auch in einer unvergeßlich schönen, ergreifenden Feier zur letzten Ruhe. Eine Ordensfrau meinte später: „Das war keine Beerdigung, das war eine Auferstehungsfeier!" – ein Eindruck, der durch die strahlende Schönheit des tiefverschneiten, sonnendurchfluteten Friedhofs noch verstärkt wurde. Auf dem Grabkreuz steht der Satz des hl. Paulus, der dem Leben meines Vaters so sehr entspricht: „Ich weiß, wem ich geglaubt habe." Eben diesen Satz des hl. Paulus habe ich mir auch zum Wahlspruch für mein bischöfliches Wirken gewählt.
Zu seinem Tod paßt auch das lyrische Wort eines unbekannten Dichters, das er in sein Notizbuch geschrieben hat: „Am Abendhimmel blühet ein Frühling auf. Unzählig blühen die Rosen, und ruhig scheint die goldene Welt. O dorthin nehmt mich, purpurne Wolken! Und möge droben in Licht und Luft zerrinnen Lieb und Leid." Die „Lieb" freilich wollte er sicher nicht „zerrinnen" sehen!

3. Bücher haben ihre Geschichte

Mein Vater hatte eine besondere Gabe, interessant und spannend zu erzählen. Viele Leser des Buches haben mir bestätigt, daß dies auch für seine Art zu schreiben zutrifft.
Das Echo auf das Buch war teilweise geradezu überwältigend. Nicht *ein* Leser, sondern *viele* haben mir erzählt, sie hätten eine halbe Nacht geopfert, weil sie das Buch zu Ende lesen mußten. In vielen Ordensgemeinschaften wurde es als Tischlesung genutzt.

Die jetzt vorliegende Ausgabe ist die 4. Auflage. Zahlreiche Übersetzungen zeigen, daß es die Menschen wirklich erreicht hat. Eine ungarische, italienische, englische, tschechische, kroatische, spanische und polnische Übersetzung sprechen eine deutliche Sprache! Alle Ausgaben zusammengerechnet, müßten nach meiner Schätzung rund 40.000 Exemplare gedruckt worden sein.

4. Zur Persönlichkeit von Hellmut Laun

Soweit meine Erinnerung an meinen Vater zurückreicht, hat sich sein Bild vor den Augen meiner Seele nie geändert: ein großer, starker Mann, der uns alle unerschütterlich liebte und, wenn er zu Hause sein konnte, für uns da war. Ab und zu war er natürlich auch streng, aber sogar wenn er sich genötigt sah, uns zu tadeln oder sogar zu strafen, immer spürten wir nicht nur seinen Willen, gerecht zu sein, sondern wußten, daß er uns seine Liebe dabei niemals entzog.
Bei meinem letzten Spitalsbesuch, das war Ende Dezember 1980, erzählte mir mein Vater ein kleines Erlebnis mit Hildebrand. Dieser hatte in irgendeinem ‚Zusammenhang aus dem Sanctus-Gebet zitiert: Pleni sunt coeli et terra gloria tua. Hildebrand wandte sich meinem Vater zu und wiederholte eindringlich: „...et terra“ – auch die Erde ist voll von Seiner Herrlichkeit!
Die Episode ist charakteristisch für beide, für Hildebrand und für meinen Vater. Sie waren, jeder auf seine Weise, lebensbejahende Menschen, offen für alles, was das Leben schön und liebenswert machen kann. Man könnte von einer profanen Katholizität sprechen, die ihn auszeichnete:
– In seiner Jugend betrieb er die verschiedensten Sportarten. Alte Fotos zeigen ihn zum Beispiel als Reiter, mitten im Sprung über ein Hindernis.
– Zeit seines Lebens interessierte er sich für naturwissenschaftliche Fragen. So erinnere ich mich noch genau, wie mein Vater, als ich noch ein Kind und dafür wohl etwas zu jung war, versuchte, mir physikalische Versuche zu erklären, die seine Lehrer im Gymnasium vorgeführt hatten, oder wie er mir Zeichnungen anfertigte, damit ich die Umlaufbahnen der Planeten verstehen kann.

– In seinem Berufsleben erfand er eine Watte-Maschine und meldete einige Patente an. Noch heute erinnere ich mich, wie er mit dem späteren „Almulin" experimentierte und meinem Bruder und mir den Vorteil des neuen Produktes ebenso erklärte wie die Schwierigkeiten, es herzustellen.[19]
– Als mein Bruder und ich noch Kinder waren und wir etwas außerhalb der Stadt Salzburg wohnten, weil das Stadthaus durch eine Bombe zerstört worden war, machte er mit uns Buben herrliche Ausflüge in die nahegelegenen Wälder. Ich glaube, er erinnerte sich dabei einfach seiner Bubenzeit und wußte daher, was man als Bub in einem Wald alles entdecken kann.
– Er liebte es, ins Burgtheater zu gehen. Mit welcher Hochachtung sprach er über „die Burg", ihre großen Mimen und die Abende, die er dort erleben durfte. Den – hoffentlich vorübergehenden – Verfall des Theaters in den Jahren nach seinem Tod hat er glücklicherweise nicht mehr erlebt.
– Eine wichtige Rolle spielte in seinem Leben die Musik. Zwar spielte er kein Instrument, aber er pflegte liebevoll seine Schallplattensammlung. Mir hatte ein Lehrer eingeredet, ich sei ganz und gar unmusikalisch, und dementsprechend opponierte ich im Musikunterricht. Meinem Vater gelang es dennoch, mir einen Zugang zu verschaffen, und zwar durch das Violin-Konzert von Beethoven, von dem er eine besonders schöne Plattenaufnahme mit Y. Menuhin besaß.
– Noch wichtiger als die Musik waren ihm seine Bücher. Abgesehen von der theologisch-philosophischen Literatur las er auch sonst viel und gern. Seine große, besondere Liebe galt dabei „seinen Russen", vor allem Gogol, Dostojewski und Turgenjew. Aber natürlich las er auch andere Autoren wie Adalbert Stifter, Peter Bamm und Carl Zuckmayer. War er von einem Schriftsteller besonders begeistert, entwickelte er geradezu einen missionarischen Eifer, um uns alle an seinen Entdeckungen teilnehmen zu lassen. Aber bei all dem habe ich nie eine snobistische Haltung an ihm beobachtet.

5. Die Religiosität von Hellmut Laun

Wie gesagt, Hellmut Laun war ein reich angelegter Mensch, offen und interessiert für alle Bereiche des Lebens, ausgestattet mit einer gesunden Natur, die auch die bitteren Erlebnisse in seiner Kindheit und Jugend verhältnismäßig gut verarbeitet hatte.

Und doch, sein Charakter war nicht nur der eines Menschen, der das Glück gesunder Anlagen zu nützen wußte. Sein ganzes Wesen – das sehe ich heute deutlicher denn je – war wie durchflutet von dem geheimnisvollen, warmen Licht des Evangeliums.

In diesem Zusammenhang möchte ich Frau Gabriele Janisch, eine ehemalige Angestellte, zu Wort kommen lassen, die mir nach dem Erscheinen der ersten Auflage schrieb:

„Da der Autor mein Chef war, interessierte mich das Buch natürlich ... Der Eindruck, den es auf mich machte, war überwältigend und hat meinen Glauben ungemein vertieft, mehr noch als das Buch A. Frossards, natürlich auch, weil er mein Chef war. Damals wäre keiner von uns Angestellten auf den Gedanken gekommen, daß hinter diesem blendend aussehenden, selbstbewußten und weltgewandten Mann ein Mystiker steht, der den Ordens- und Priesterberuf in Erwägung zieht." In einem Telefongespräch am 4. Juni 1981 ergänzte Frau Janisch sinngemäß: Wir, die Angestellten, haben nur eine Veränderung in seinem Wesen wahrgenommen. Denn vor seiner Bekehrung war er unnahbar und despotisch, wir haben ihn wie ein höheres Wesen verehrt, aber auch vor ihm gezittert. Dann war er anders, vor allem gütig zu uns.

Ich erinnere mich an zwei Geschichten, die diese seine Güte anschaulich machen:

Als er eine der letzten Male in Wien war, führte er mich in sein Stammlokal aus der Zeit seiner beruflichen Tätigkeit: in der Wollzeile, wo er eben sein Büro gehabt hatte. Wir gingen auf die Eingangstür des Lokals zu, als er unser Gespräch plötzlich unterbrach: „Schau, da ist die Frau, die den Kurier verkauft." Erst jetzt sah auch ich die Verkäuferin, die tief unten auf der Straße auf irgendeinem Hocker saß und ihre Zeitungen anbot. So wie sie da kauerte, konnte sie nur stundenlang die Füße der Passanten vorbeihasten sehen. Ich glaube, beim Verkauf hob sie den Kopf nur soweit es nötig war, um das Geld in Empfang zu nehmen, und hing wohl nur ihren trüben Gedanken nach. Mein Vater blieb vor ihr stehen und sprach sie freundlich an: „Kennen Sie mich noch?“ Wahrscheinlich hatte die Frau schon stundenlang geschwiegen, jedenfalls ging ein ungläubiges Staunen über ihr Gesicht, und sie legte den Kopf weit zurück, um an dem großen, vor ihr stehenden Mann hinaufzuschauen. Bevor sie antworten konnte, fuhr mein Vater fort: „Wie geht es Ihren Füßen?“ Offenbar hatte er vor Jahren mit ihr über ihre offenen Füße gesprochen und erinnerte sich daran! Nach einigen Worten kaufte er ihr eine Zeitung ab, und wir gingen zum Essen. Nebenbei blätterte er die Nachrichten durch, legte die Zeitung wieder sorgfältig zusammen und gab sie beim Hinausgehen wieder der Frau zurück. „Weißt du“, sagte er zu mir, „so kann sie sie nochmals verkaufen!“

Die andere Geschichte spielte sich bei Freunden von ihm ab, die ein schwer mongoloides Kind hatten. Ich war damals jung und noch ganz unerfahren, und so wußte ich überhaupt nicht, wie ich mich benehmen sollte, und versuchte krampfhaft so zu tun, als ob ich die Behinderung des Kindes nicht bemerken würde. Gleichzeitig hütete ich mich vor jeder Berührung. Ganz anders mein Vater! Nicht nur, daß er sich nach dem Kind eingehend erkundigte, streichelte er es beim Abschied mit größter Selbstverständlichkeit, und ich glaube bemerkt zu haben, wie sich die Eltern des Mongoloiden über diese seine Geste der Güte und des Erbarmens freuten.

Der Leser erinnert sich wohl auch noch an die Stelle im Buch, wo mein Vater von den „vier Buben“ seines Vetters am Stürzl erzählt. Auch zu diesen unglücklichen Männern nahm er mich einmal mit. Ich erinnere mich an einen halbdunklen Raum, in dem die Behinderten am Boden saßen. Es roch eigenartig, und sie hatten lange Bärte. Beklommen ging ich mit, aber ich erinnere mich auch hier: Mein Vater sprach sie freundlich an, offenbar erkannten sie ihn wieder und freuten sich über seinen Besuch.

Nichts bewegte ihn so tief wie die metaphysisch-religiösen Fragen. Unsere Mutter sorgte für die religiöse Praxis der Familie, aber was das Verstehen der katholischen Lehre betrifft, war unser Vater – so habe ich es erlebt – unser oder zumindest mein wichtigster Religionslehrer. Immer, wenn es darum ging, ein Geheimnis des Glaubens tiefer zu verstehen, war er ein ebenso scharfsinniger wie begeisterter Gesprächspartner und Interpret des katholischen Glaubens, den er aus ganzer Seele liebte und in den er sich immer wieder vertiefte. In seiner Bibliothek standen – außer den Werken Hildebrands – Bücher von großen Theologen und Philosophen wie A. Möhler, R. Guardini, Th. Haecker und nicht zuletzt J. H. Newman. Von diesem steht übrigens ein Satz auch in seinem persönlichen Notizbuch: „O Gott, du bist so wunderbar bei mir gewesen all mein Leben hin. Du wirst auch ferner mich nicht verlassen. Ich weiß es, obwohl ich keine Rechte vor dir habe."

Seine erste Liebe unter den Theologen galt allerdings Thomas von Aquin, und zwar – weil er ja nicht Latein gelernt hatte – in der Vermittlung durch J. Pieper. Als ich schon längst Priester geworden war, überraschte er mich manchmal mit theologischen Problemstellungen – erwartungsvoll und mit einem prüfenden Lächeln, ob ‚sein' Doktor der Theologie diese Fragen wohl beantworten könne. Dann, nach meiner Stellungnahme, zog er sein Thomasbrevier hervor und las mir die Antwort des hl. Thomas dazu vor. Bei diesem Thomasbrevier handelt es sich übrigens um eine Sammlung von klassischen Thomas-Texten, die Josef Pieper zusammengestellt hat. Dieses Buch trug er jahrelang bei sich, und als es zu zerfallen drohte, ließ er es in Leder binden. Oft sah ich ihn sitzen, sein Thomas-Brevier in der Hand, in Gedanken versunken. In einem Brief, den er an eine Pieper-Schülerin geschrieben hatte, fand ich nach seinem Tod den Satz: „Sagen Sie Josef Pieper, daß ich diesem Buch die schönsten Stunden meines Lebens verdanke." Es gab Momente, in denen ihn die Einsichten, die ihm Thomas vermittelte, zu Tränen ergriffen.

Darum war es für ihn auch eine besondere Freude, als sein Patenkind und Neffe Josef Seifert seine ersten philosophischen Untersuchungen herausbrachte.[20] Wenn er einen Vortrag von Seifert hören konnte, notierte er sich in seinem Notizbuch die Hauptgedanken. Er las sie mit Verständnis und jener Begeisterung, die auch eine an sich schwierige philosophische Abhandlung dann auslösen kann, wenn es dabei wirklich um die Wahrheit geht und

sie sich mit jenen Fragen auseinandersetzt, die für die Menschen wichtig und wesentlich sind.
Manchmal las er um des Gespräches mit anderen willen auch Autoren, die ihm eher fernstanden – so zum Beispiel die „Architectura caelestis“ von Ernst Fuchs. Er las dieses Buch, weil ihm mein Bruder Johannes davon erzählt hatte und es ihm wichtig war, mit seinem Sohn darüber reden zu können. Aus Liebe zu mir beschäftigte er sich auch mit Karl Rahner – einfach deswegen, um mit mir über ihn reden zu können.
Wie sehr wir Kinder uns bei ihm auch bezüglich der weltanschaulichen Fragen geborgen wußten, zeigt eine kleine, liebenswürdige Geschichte meiner Schwester Assunta:
Einer ihrer ersten Verehrer war ein älterer Student, ein ernster Mensch, der sich auch mit philosophischen Fragen beschäftigte. In einem langen Gespräch, das wohl mehr ein langer Monolog war, wollte er meiner Schwester mit Hilfe neuzeitlicher Philosophie – meine Schwester erinnert sich noch, daß er Nietzsche zitierte – „beweisen“, daß der Mensch keinen freien Willen habe. Natürlich war sie ihm, dem Älteren, argumentativ nicht gewachsen. Nachdem sie ihm aber lange und im Laufe der Zeit mehr und mehr gelangweilt zugehört hatte, schloß sie das Gespräch mit dem klugen, wohl wirklich typisch weiblichen Satz: „Ich kann es dir nicht beweisen, aber ich spüre, daß du dich irrst. Aber geh zu meinem Papa, der wird es dir erklären.“ Übrigens hat mein Vater tatsächlich mit manchen unserer Schulfreunden auch religiöse Gespräche geführt.
In mir jedenfalls weckte unser Vater schon früh jenen Glauben, der verstehen will (den „fides quaerens intellectum“) und ohne den Theologie nicht denkbar ist. Auch die konkrete Anregung zu meinem ersten philosophischen Buch verdanke ich ihm. So las ich mit etwa 14 Jahren „Über die Tapferkeit“ von J. Pieper – vom Thema her schien es damals mit meiner Bubenwelt gut vereinbar zu sein ...
Nach der Konversion meines Vaters gab es in seinem Leben keinen Bruch mehr. Er war immer der „gleiche“, auch in seinen letzten, von der Krankheit überschatteten Jahren. Diese Beständigkeit war wohl vor allem eine Folge seiner religiösen Einstellung. Von der Kirche hörte ich ihn immer nur ehrfürchtig und mit Lie-

be sprechen. Im letzten Brief, den ich von ihm bekommen habe, träumt er noch von der Möglichkeit, mit seiner Frau im Süden Urlaub machen zu können, fügt aber hinzu, es müsse unbedingt eine katholische Kirche in der Nähe sein – „für Mama und mich Bedingung", weil eben beide täglich in die Messe zu gehen pflegten.

Nach seinem Tod fand ich in seinem Notizbuch die Abschrift von verschiedenen Gebeten und Vorsätzen für sein religiöses Leben und die – vielen! – Namen derer, für die er sich vorgenommen hatte zu beten.

Sein Notizbuch diente ihm auch dazu, Weisheiten profaner oder religiöser Natur festzuhalten, die er irgendwo gefunden hatte:

„Es listet die Seele Tag für Tag der Gebrauch mir ab."

„Gott und die Seele! Sonst nichts? Nein, sonst nichts."

„Phantasie haben heißt, sich die Wirklichkeit so vorstellen zu können, wie sie wirklich ist."

„Ich verstand die Stille des Äthers, der Menschen Wort verstand ich nie."

Manchmal mit Autorenangabe wie den Satz von J. Lichtenberg „Die gefährlichsten Unwahrheiten sind Wahrheiten, mäßig entstellt", den er mir übrigens mehrfach zitierte. Dann wieder kommen Gedanken über die Welt als ganze – etwa von Heidegger, der kurz vor seinem Tod gesagt haben soll: „Nur ein Gott kann uns retten. Uns bleibt die einzige Möglichkeit, im Denken und Dichten eine Bereitschaft vorzubereiten für die Erscheinung Gottes oder für die Abwesenheit Gottes im Untergang."

Aus der Seele sprach ihm wohl auch ein chinesischer Philosoph mit der folgenden Aussage, die er sich aus einer Zeitung schnitt und in sein Büchlein klebte: „Wenn die Sprache nicht stimmt, so ist das, was gesagt wird, nicht das, was gemeint ist; ist das, was gesagt wird, nicht das, was gemeint ist, so kommen die Werke nicht zustande, so gedeihen Moral und Kunst nicht, so trifft die Justiz nicht; trifft die Justiz nicht, so weiß das Volk nicht, wohin Hand und Fuß setzen. Also dulde man keine Willkür in Worten. Das ist alles, worauf es ankommt."

Andere große Namen notiert er sich in irgendeinem Zusammenhang: Einstein und Planck, Leon Bloy und Paul Claudel, Jimmy Carter, Urs von Balthasar, Wladimir Maximov und einige andere. Dann wieder schreibt er sich einen Buchtitel auf, der sein Interesse geweckt hat – etwa von Albert Görres oder Leo Scheffczyk.

Erwähnen möchte ich noch ein Zitat von Paul VI.: „Die Welt soll wissen: Die Kirche schaut auf sie mit tiefem Verständnis, mit aufrichtiger Bewunderung und mit dem ehrlichen Vorsatz, sie nicht zu erobern, sondern ihr zu dienen, nicht sie zu verachten, sondern um sie aufzuwerten, nicht um sie zu verurteilen, sondern um sie zu stärken und zu retten ..." Bezeichnend, wie mein Vater in Klammer hinzufügt: „stärken worin?"

Auch diese Notizen bestätigen auf ihre Weise: Hellmut Laun neigte in keiner Weise zu einer verengten Religion oder irgendwelchen exzentrischen oder süßlichen Formen der Religiosität. Sein „Geschmack" in Fragen Religion entsprach seinem sonstigen Wesen. Im Sinn des von ihm so verehrten Thomas von Aquin könnte man sagen: Gefühle ja, aber immer gespeist und geleitet von der Vernunft.

Wenn mein Vater unter den besonderen Charismen der Kirche hätte wählen müssen, ich glaube, er hätte sich für das Lehramt entschieden. Denn in diesem sah er niemals die Bedrohung geistiger Selbständigkeit, sondern die entscheidende Hilfe, um nicht wieder in die Irre zu gehen. Er war einfach glücklich und dankbar, in der Kirche eine Quelle sicherer Wahrheit gefunden zu haben. In dieses Bild paßt eine Aussage J. Ratzingers, die mein Vater sogar in sein Notizbuch geschrieben hatte: Es sei gefährlich, so der Kardinal, die Wahrheitsfrage nicht mehr zu stellen und die Kirche als pragmatischen Verein zu verstehen. Denn dann würde ihr „etwas Entscheidendes verlorengehen und für die Humanität ein schwerer Einbruch erfolgen."

Vielleicht läßt sich seine Haltung zum Lehramt der Kirche an einer besonders dramatischen Geschichte seiner Jugend, die er uns Kindern wieder und wieder erzählen mußte, sinnenfällig machen:

In der Nähe von Königsbronn gibt es ein weitverzweigtes Höhlensystem, das sogenannte Hessenloch.[21] In diese Höhle nun stiegen einige Buben ein, darunter eben auch mein Vater, und zwar ohne Erlaubnis ihrer Eltern und ohne irgendjemand von ihrem Plan in Kenntnis zu setzen. Sie waren, wie man sich leicht den-

ken kann, schlecht ausgerüstet, und so geschah es, daß zuerst die eine, dann auch die zweite Lampe bzw. Kerze verlöschte. Plötzlich standen die jungen Forscher in absoluter Finsternis und verloren in kürzester Zeit die Orientierung. Sie hätten abstürzen oder sich endgültig verirren können, und es bleibt höchst ungewiß, ob man sie rechtzeitig gefunden hätte. Auf allen vieren krochen sie in wachsender Verzweiflung herum und suchten den Ausgang. Als einer von ihnen gerade wieder zurückkriechen wollte, nahmen seine in der Dunkelheit inzwischen für das Licht empfindlich gewordenen Augen plötzlich einen schwachen Schimmer wahr – es war tatsächlich der Ausgang! Man braucht sich nur vorzustellen, was geschehen wäre, wenn die Sonne schon untergegangen gewesen wäre!
Ich glaube, mein Vater wollte diese dramatische Geschichte gerne als Gleichnis seines Lebens sehen: Das Licht ist Christus, ist die Kirche mit ihrem Lehramt. Mit ihrer Hilfe findet der Mensch aus der „Höhle" und gelangt zum Licht.

6. Überlegungen zu den außerordentlichen Erlebnissen

Zunächst: „Außerordentlich" waren die Erlebnisse meines Vaters auch dann, wenn sie rein natürlich und innerweltlich erklärbar sind. Dennoch bleibt die wichtigste Frage, ob man in diesem Fall von „übernatürlichen" Erlebnissen sprechen kann. Die Frage betrifft das Narkose-Erlebnis, die „Begegnung" am Westbahnhof und die eigenartigen Träume. Denn, so muß man zugeben, wenn sie im Grunde nur das Ergebnis oder Produkt eines physischen Ausnahme-Zustandes sind, das man sogar im Labor reproduzieren könnte, verlieren sie ihre religiöse Bedeutung. Dann wären es, aus der Sicht des Glaubens, höchstens noch „glückliche Irrtümer", die Gottes Vorsehung zugelassen hat, um diesen Menschen zum Glauben zu führen. Aber die Erlebnisse selbst hätten mit der Welt Gottes so wenig zu tun wie ein gebrochenes Bein und eine durch Drogen verursachte Halluzination.
Die Frage ist zu stellen, gerade weil Gott auch „rein natürliche" Ereignisse benützt, um jemandem zum Glauben zu führen. Mehr noch: Fast immer sind es solche „natürliche Ursachen", deren

sich Gottes Gnade bedient. Aber auch wenn man meint, die Erlebnisse meines Vaters waren „übernatürlich“, bleibt noch immer wahr: Das größte übernatürliche Wunder bei seiner Bekehrung ist die Gnade des Glaubens selbst, das Wirken Gottes in seiner Seele.
Es ist wohl ratsam, die drei genannten Erlebnisse einzeln zu betrachten.

a. Das Narkose-Erlebnis

Immer wieder hört man von Berichten über die Erlebnisse von Menschen, die „fast gestorben“ waren bzw. längere Zeit im Koma lagen.[22] Sie erzählen von Licht-Erscheinungen und manchmal auch Begegnungen in der anderen Welt – von Erlebnissen, die ihr Leben verändert hat. Ärzte freilich sagen, solche Licht- oder Tunnel-„Erlebnisse“ lassen sich durch bestimmte chemische Substanzen hervorrufen und sind daher nicht geistiger Natur.
Es stellt sich aber die Frage, ob die chemisch produzierbaren „Erlebnisse“ wirklich von derselben Qualität sind wie jene, die Menschen aus der Todesnähe berichten. Außerdem erscheint das strenge Entweder-Oder – entweder sind sie eine rein körperlich verursachte und chemisch reproduzierbare Illusion oder sie sind ein Blick ins Jenseits und das, was uns Menschen dort erwartet – nicht notwendig zu sein. Daß „Lichtblitze“ im Auge Symptome einer Krankheit sein können, beweist nicht, daß es Blitze nicht gibt und ein gesundes Auge sie nicht wahrnehmen könnte. V. Frankl argumentiert in anderem Kontext, aber auch hier treffend: Tränen kann man auch durch Zwiebelschneiden „erzeugen“; wer aber um sein verstorbenes Kind weint, weint anders, ohne daß der Arzt oder Chemiker den Unterschied dieser „Tränen“ feststellen könnte.
Die Frage lautet also: War die Narkose und die ihr folgende Todesnähe nur Bedingung für ein wirkliches „Sehen“ einer anderen Welt oder waren sie Ursache einer Illusion, die Gott aber benützt hat, um ihn zum Glauben zu führen? Wenn man die erste Frage bejaht, dann gliedert sie sich weiter: Handelt es sich um eine natürliche Erfahrung, von der wir nur so selten Kenntnis erlangen, daß wir sie für „außernatürlich“ halten, oder war es

eine übernatürliche Erfahrung im Sinne eines speziellen Eingreifens Gottes?
Ich neige zu der Ansicht, daß solche Erlebnisse möglicherweise doch ein verhangener Blick in die Welt jenseits des Todes sein könnten. „Verhangen“ nenne ich ihn, weil das Geschaute offenbar durch bestimmte, auch kulturell beeinflußte Vorstellungen aus dem Unbewußten mitbestimmt wird.
Daß körperliche Faktoren auf seelisches Erleben einwirken, sei es positiv-ermöglichend oder auch negativ-irreführend, ist zwar geheimnisvoll, aber eine uns allen geläufige Tatsache. Das beweisen die „geistig Kranken“, die medikamentös behandelbar sind, das beweist jeder, der (zuviel) Alkohol trinkt, und das beweist die Übung des Fastens. Warum sollte nicht auch die Todesnähe eine besondere Möglichkeit geistiger Erfahrungen in sich bergen? Daß sich die Gnade Gottes solcher Zustände bedienen kann und bedient, versteht sich von selbst.
Übrigens zeigt die Auslegung, die mein Vater selbst in seinem Buch gibt, wie er das Narkose-Erlebnis mit Vorsicht beurteilt.

b. Die Träume

Jeder Mensch kann an sich selbst beobachten, daß Träume sehr unterschiedlicher Natur sein können:
– Ein überlasteter Magen kann „schwere“ Träume auslösen.
– Es gibt Berichte von Müttern, die von einer tödlichen Gefährdung ihres Kindes „träumen“, angsterfüllt aufwachen – und ihr Kind aus eben dieser Gefahr in letzter Sekunde retten!
– Der „ägyptische“ Josef träumte in Bildern, was in Zukunft geschehen wird.
– Josef, der Mann Mariens, erfuhr im Traum von seiner großen Berufung für das Leben Jesu. Offenbar hat er gewußt zu unterscheiden zwischen Träumen ohne Bedeutung und jenen Träumen, in denen ihm ein Engel des Herrn erschien.
– In Verbindung mit seinem soliden katholischen Grundwissen führte ein Traum Franz Jägerstätter zur Erkenntnis des teuflischen Charakters das Hitler-Regimes und der kommenden Katastrophe. Darum verweigerte er den Militär-Dienst und starb unter dem Fallbeil.

– Don Bosco erkannte in einem Traum das pädagogische Grundkonzept seiner Arbeit: Das wichtigste Instrument der Menschenführung ist die Liebe, nicht der direkte Kampf gegen Fehler und Sünden.
Das sind nur einige, etwas willkürlich genannte Beispiele. Aber sie beweisen: Träume sind wahrhaftig nicht immer Schäume.
Ich möchte an dieser Stelle den Traum eines behinderten jungen Mannes erzählen: Johannes war, so erzählte mir sein Vater Ernst Wenisch, ein langjähriger Freund meines Vaters, das begabteste seiner Kinder. Infolge einer Gehirnhautentzündung ist er aber seit vielen Jahren körperlich und geistig behindert. Geblieben ist ihm zwar eine große musikalische Begabung, und er kann auch Bücher lesen. Dennoch kann er die Hürde seiner Behinderung nicht überschreiten. Im Laufe des Jahres 1993 erhielt ich von dem jungen Mann folgenden Brief:
„Lieber P. Andreas, Dein Vater Hellmut Laun hat das Buch über das Thema geschrieben: So bin ich Gott begegnet. Ich träumte, daß ich gestorben bin und noch nicht ganz im Himmel bin. Jemand hat mich gerufen, in den Himmel zu kommen. Ich wurde mit einem Griff in den Himmel geführt und sah dabei Gott in ganz hellem Licht. Ich fragte ihn, wozu bin ich in den Himmel geführt. Er gab mir zur Antwort: ‚Du bist ein guter Mensch, deswegen wirst Du in den Himmel geführt.‘ Ich mußte noch warten. Ich wurde mit einem Griff in den Himmel geführt. Ich erwachte aus dem Traum. Ich wurde traurig, daß ich auf der Erde geistig behindert bin...“
Sein Vater, selbst übrigens auch ein Konvertit, fügt hinzu: „Johannes gab mir den Brief zum Adressieren. Ich kann es nicht tun, ohne tief gerührt zu sein über einen solchen Traum. Wem wird so etwas schon zuteil! Es ist auch interessant, daß er an das Buch Deines Vaters anknüpft. Mir jedenfalls ist ein solcher Traum nie geschenkt geworden. Bei Johannes ist es vielleicht auch die Folge der Treue, mit der er seine Leiden zu tragen versucht.“
Was soll ich über seinen Traum denken? Er knüpft an das Buch meines Vaters an, von dem er das Wichtigste, so scheint es, verstanden hat. Ein skeptischer Mensch wird von einem typischen Wunschtraum sprechen. Ich gebe aber zu bedenken:
In der Bibel spricht Gott oft auch durch Träume zu den Men-

schen. Warum sollte man nicht annehmen dürfen, dieser Traum sei ein Geschenk Gottes? Ob Gott dabei übernatürlich eingreift oder sich der geschaffenen Gesetze des Traumes bedient, ist nicht die wichtigste Frage. Entscheidend ist, daß man meines Erachtens sagen kann: Gottes Vorsehung hat diesen Traum dem behinderten Johannes als Ermutigung und Trost geschenkt.

c. Die Begegnung am Westbahnhof

Das geheimnisvollste Erlebnis meines Vaters war die Begegnung mit Christus am Westbahnhof. Wenn ich hier jedem Argument vorausgreifend von einer „Begegnung mit Christus" spreche, dann nur deswegen, weil ja das Urteil eines anerkannten Fachmanns vorliegt, nämlich dem im Buch zitierten P. Alois Mager. Leider gibt es keine Möglichkeit mehr, ihn nach der Begründung dieses seines Urteils zu befragen. Nach meiner Meinung kann man vor allem folgende, ineinander verwobene Kriterien nennen, die für den übernatürlichen Charakter dieses Erlebnisses sprechen:

– Der Traum, aus dem sich das Erlebnis herausentwickelte, ist tief sinnvoll, er entspricht der Wahrheit und ist von prophetischer Kraft.

– Mein Vater „sah" Wahrheiten, aber nicht so wie ein normal Betender, der sie meditiert oder über sie liest, sondern im Sinn einer ekstatischen Berührung derselben – vergleichbar einem Menschen, der nicht nur auf das Meer schaut, sondern in es eintaucht; darum die tiefe Erschütterung.

– Während seines Besuches bei Hildebrand spürte er, wie dieser für ihn betete.

– Der hl. Franz von Sales nennt drei Stufen oder auch Aspekte von Ekstasen: die besondere Erleuchtung des Verstandes, die außergewöhnlichen Affekte des Herzens und schließlich jene Erlebnisse, die zu einem ekstatischen Leben führen. Die sicherste Ekstase, sagt der Heilige, ist die, die in die des Lebens übergeht. Hervorragendes Kriterium der Echtheit ist in den Augen des Heiligen die Bereitschaft, auf die Kirche zu hören, also der christliche Gehorsam.[23]

Mir scheint, vor allem das Erlebnis am Westbahnhof hatte die genannten Folgen im Leben meines Vaters, so daß man von der

übernatürlichen Qualität der „Frucht“ auf die übernatürliche Qualität des „Baumes“ schließen darf.
An dieser Stelle möchte ich noch ein eigenartiges Erlebnis meines Vaters einfügen, das er mir des öfteren erzählt hat. Außerdem fand ich nach seinem Tod eine – von mir stilistisch überarbeitete – Aufzeichnung:
„Durch meine Frau wurde ich mit dem Leben der katholischen Kirche vertraut gemacht. Ich hatte schon gelernt, daß die ‚Gemeinschaft der Heiligen‘ zunächst aus jenen Gläubigen besteht, die noch auf der Erde ‚pilgern‘, dann aber auch aus jenen, die das Erdenleben schon beendet haben, aber sich noch im Läuterungszustand des ‚Fegefeuers‘ befinden, und schließlich aus jenen, die sich schon der himmlischen, ewigen Herrlichkeit erfreuen. Alle diese drei ‚Stände‘ sind aber durch Christus, der das Haupt der Kirche ist, und durch das Band der Liebe miteinander verbunden.
Durch meine Frau also lernte ich nun die Liebe zu den Heiligen und den vertrauten Umgang mit unseren Freunden im Himmel, ihre Anrufung in unseren täglichen Anliegen und Sorgen. Was mir aber im Anfang gewisse Schwierigkeiten machte, war die von jeder Übertreibung und von jedem Unglauben ferne Unbefangenheit, mit der meine Frau bei bestimmten Gelegenheiten auch die sogenannten ‚armen Seelen‘ anrief. Als ich mich vergewissert hatte, daß die Lehre vom Fegefeuer den Rang eines Dogmas besitzt und auch die Praxis vieler Gläubigen, die ‚armen Seelen‘ um ihre Hilfe zu bitten, in der Tradition der Kirche verankert ist, nahm ich mir vor, bei passender Gelegenheit eine Probe zu machen. Die Geschichte dieser ‚Probe‘ möchte ich hier erzählen, weil sie meinen recht schwachen Glauben an die Möglichkeit einer so wunderbaren Verbindung mit den Verstorbenen festigte.
Wir wohnten damals in Morzg bei Salzburg in einer Notwohnung, weil das Haus in der Stadt ausgebombt war. Ich hatte in der Siegmund-Haffnergasse, also in der Innenstadt Büroräume gemietet. Damals war die Verbindung zwischen der Morzger Wohnung und der Stadt noch sehr schlecht. So hatte ich neben meinem Büro noch einen Raum als Schlafzimmer eingerichtet, um im Winter bei Schneefall oder sonst bei ausgedehnten Arbeitsstunden auch in der Stadt übernachten zu können.

An einem kalten Tag anfangs Dezember war Georg Schuchter, ein Tiroler Vetter meiner Frau, der Priester war, zu Besuch in Salzburg und wohnte im Kloster der Benediktinerinnen oben am Nonnberg. Ich verabredete mit ihm, daß ich am kommenden Morgen ins Kloster hinaufgehen würde, um an seiner heiligen Messe um sieben Uhr früh teilzunehmen und ihm zu ministrieren. Um aber zu so früher Stunde da sein zu können, beschloß ich, in der Stadt zu übernachten, um rascher am Nonnberg sein zu können.
Erst als ich schlafen ging, bemerkte ich, daß ich im Büro keinen Wecker hatte. Erfahrungsgemäß konnte ich mich aber nicht darauf verlassen, um sechs Uhr von selbst aufzuwachen. So kam mir der Gedanke, diesmal dem Beispiel meiner Frau zu folgen und die ‚armen Seelen' zu bitten, mich rechtzeitig zu wecken. Dies schien mir in diesem Fall nicht ‚unbescheiden' zu sein, weil ich die Situation ja nicht herbeigeführt hatte, sondern den Wecker nur vergessen hatte, und weil es sich ja um einen so guten Zweck handelte, nämlich den Besuch der heiligen Messe. Als Dank für eine etwaige Hilfe versprach ich, die heilige Messe für die armen Seelen aufzuopfern.
Ich schlief ein. Am anderen Morgen, es war im Zimmer noch dunkel, wurde ich durch ein lautes Geräusch direkt neben meinem Bett geweckt. Bei dem unerwarteten Krach fuhr ich im Bett hoch, tastete nach dem Licht und sah in dem erhellten Zimmer nun folgendes: In dem Raum hatte tagsüber ein Tischler gearbeitet. Für seine Arbeit hatte er eine Anzahl schmaler, dünner, aber langer Latten gebraucht und den Rest von diesen etwa einen halben Meter von meinem Bett entfernt an die Wand gelehnt. In der Wärme des Zimmers hatten sich diese Latten in der Nacht durchgebogen, waren umgefallen und neben meinem Bett niedergeprasselt. Aufatmend stellte ich diesen harmlosen Sachverhalt fest. Aber im selben Augenblick fiel mir meine Abmachung für den Nonnberg ein. Ein Blick auf die Uhr: es war kurz vor sieben Uhr, also zu spät! Unmöglich konnte ich so schnell angezogen sein und den Weg auf den Nonnberg zurücklegen, um noch pünktlich zur Messe zu kommen. Dennoch machte ich mich auf den Weg, um wenigstens den letzten Teil der Messe zu erreichen und dann Georg Schuchter sprechen zu können.

Als ich an der Klosterpforte läutete, war es kurz vor halb acht. Ich sagte der Pförtnerin, daß ich mit dem Priester zur Messe verabredet gewesen war, leider aber verschlafen hätte. Zu meinem größten Erstaunen antwortete die Schwester: „Oh, das macht gar nichts, unser Gast hat auch verschlafen und ist in diesem Augenblick in die Sakristei gegangen – Sie kommen gerade recht!"

7. Stimmen zur Person Hellmut Launs und seinem Buch

Josef Seifert

„Zu dem Buch von Hellmut Laun habe ich eine ganz persönliche Beziehung. Denn der Verfasser war nicht nur mein Onkel und Taufpate, sondern spielte in meinem Leben eine wichtige Rolle. Als ich in meinem vierzehnten Lebensjahr eine Glaubenskrise durchlebte, erzählte er mir von den im vorliegenden Buch niedergelegten Erfahrungen, die ihn zum katholischen Glauben führten. Ich erinnere mich noch an den tiefen Eindruck, den seine Erzählung auf mich machte. Bewegt und zugleich mit großer Schlichtheit erzählte er mir seine Geschichte.

Die Erfahrung Launs muß von elementarer Wucht gewesen sein, nur mit den Erfahrungen großer Mystiker vergleichbar. Und doch wird gerade an seiner Geschichte klar, wie die persönliche Entscheidung des einzelnen Menschen für Gott durch solche Erfahrungen niemals vorweggenommen oder umgangen wird. Sosehr Launs Weg von ganz und gar ungewöhnlichen, gottgeschenkten Erlebnissen begleitet war, so war es doch ein langer Weg, und kein Schritt der persönlichen Entscheidung wurde ihm abgenommen oder erspart: Gott wirkt immer mit der menschlichen Freiheit zusammen – in einer wahrhaft göttlichen Weise, in der die Kreatur sie selbst bleibt. Mehr noch: durch das Wirken der Gnade werden die tiefsten Möglichkeiten des Menschen erst freigesetzt.

Um die Erlebnisse Launs richtig einordnen zu können, muß man wissen, daß Hellmut Laun ein nüchterner und gesunder Mensch war. Weder vor noch nach den Erfahrungen, die zu seiner Konversion führten, gab es in seinem Leben irgendwelche auffallen-

den Phänomene, etwa in der Art von Halluzinationen oder parapsychologischen Merkwürdigkeiten. Auch im religiösen Bereich hatte er später nie mehr ähnliche Erlebnisse.
Die Art, wie Laun über seine Erfahrungen berichtet, hält jeder kritischen Prüfung stand. An keiner Stelle seiner Erzählung erliegt der Verfasser der Versuchung, sich selbst in den Vordergrund zu schieben, allzu subjektive, willkürliche Interpretationen zu geben oder gar einer bei solchen Dingen immer gefährlichen Sensationslust zu erliegen. Seine Erfahrungen selbst und die Deutung, die Laun gibt, stehen in voller Harmonie mit der Lehre der Kirche und wollen, das spürt der Leser von Anfang an, nichts anderes, als zum Glauben und zur Kirche hinführen. Vielen Menschen von heute, die zwischen Christus und der Kirche einen Widerspruch zu sehen meinen, sagt Laun: ganz im Gegenteil, Christus und Kirche gehören zusammen, sie bilden eine Einheit, und die Kirche ist nichts anderes als Tür und Weg zu Christus. Schon oft habe ich die Konversion meines Onkels Hellmut Laun anderen Menschen erzählt, sie dadurch zum Nachdenken gebracht und auch selbst viel Nutzen daraus gezogen. Da ich also um die Bedeutung dieser Erfahrungen wußte, versuchte ich meinen Taufpaten davon zu überzeugen, daß er seine Erlebnisse nicht für sich behalten dürfe, sondern sie in Form eines Buches allen zugänglich machen sollte. In langer und – wegen seiner Herzkrankheit – mühsamer Arbeit kam Hellmut Laun dieser Bitte nach.
Natürlich ist auch dieses Buch kein ‚Beweis‘. Einen solchen hat es nie gegeben und kann es auch nicht geben. Wohl aber ist es ein Zeugnis für die tiefe, dankbare Liebe eines Mannes zur katholischen Kirche, an die er unerschütterlich als die Säule der Wahrheit und Ort des übernatürlichen, gottgeschenkten Lebens geglaubt hat. So wie ihm Freunde geholfen haben, den Schritt in die Kirche zu tun, so will auch Hellmut Laun anderen den Weg zeigen – den Weg, der ihn (wie er es in einem seiner visionären Träume gesehen hat) aus dem Kerker der Hoffnungslosigkeit in das köstliche Land der Freiheit und der Gemeinschaft mit Christus geführt hat. Hellmut Launs Erfahrungen bestärken, trösten, ermutigen und erleuchten all jene, die die Wahrheit aufrichtig suchen und lieben.

Wie jede wirklich religiöse Erfahrung überzeugt dieses Buch durch seine Echtheit, seine Tiefe und die starke Persönlichkeit des Verfassers. Es ist ein lebendiges Zeugnis für das Wirken der Gnade, geschrieben ohne Pathos, aber mit jenem inneren Feuer, das eine große Liebe immer begleitet – auf der einen Seite die Liebe zu den Lesern, die Hellmut Laun so gerne an dem Schatz, den er entdeckt hat, teilnehmen lassen möchte, und auf der anderen Seite der Liebe zu Christus und seiner geliebten Kirche, in der Laun seine geistige Heimat gefunden hat. Darum steht auf seinem Grabstein das Wort des Paulus ganz und gar zu recht: ‚Ich weiß, wem ich geglaubt habe'.
Ich möchte dieses Buch nachdrücklich jedem, ob gläubig oder ungläubig, empfehlen – als ein Zeichen Gottes in unserer Zeit, das vielen Menschen helfen kann, ihren Glauben mit neuen Augen zu sehen oder sich selbst auf den Weg einzulassen, der auch sie zu Christus und zur heiligen, römisch-katholischen Kirche führt."

Ernst Wenisch,
Historiker, mit Hellmut Laun befreundet, hat mir einige Zeit nach dem Tod seines Freundes folgenden Text gegeben:

„Außer an die Themen des letzten Gespräches mit Hellmut am 25. Jänner 1981 im Spital erinnere ich mich noch genauer an einige Punkte, die wir in früheren Gesprächen berührt haben. Ich möchte sie, so weit ich mich erinnere, festhalten. Wie außergewöhnlich Hellmut war, geht für alle, die ihn nicht näher kannten, aus seinem Buch hervor, das er sozusagen im letzten Moment noch geschrieben hat. Gott Dank, denn es ist ein Lebenszeugnis ganz besonderer Art.

1. Der Todestag: Hellmut ist am 25. Jänner 1981, am Fest der Bekehrung des hl. Paulus, von Gott zu sich gerufen worden. Lange vorher war er schon schwer krank und hatte viel – auch an Ängsten – gelitten. Knapp vor seinem Tod war ich noch bei ihm, etwa eine halbe Stunde lang. Wir sprachen angeregt, unter anderem auch von Hildebrand als Philosoph. Wenn er über etwas sprach, was ihm naheging, war er, krankheitsbedingt, auch leicht erregbar. Nach einer sehr schlechten Nacht schien er mir wieder frischer zu sein und war auch geistig voll gegenwärtig. Niemand hätte angenommen, daß es so schnell zu Ende gehen würde. Der Tod selbst kam milde, plötzlich – wie wenn eine Kerze verlöscht.

2. Richard und Cosima Wagner: Eines der Themen, die wir schon früher berührt hatten, war Richard Wagner. Vor vielen Jahren, anläßlich einer Geburtstagsfeier zu Ehren von Dietrich von Hildebrand, hatte ich eine kleine Festrede vorbereitet und in dieser kam auch Hildebrands Liebe zu Richard Wagner vor. Er hatte Wagners Genie früh erkannt und stellte ihn in gewisser Hinsicht sogar über Beethoven! Hellmut war über Hildebrands Wagner-Begeisterung alles andere als glücklich – er, der Hildebrand so außerordentlich schätzte! Auch daß ich in meiner Geburtstagsrede auf Richard Wagner eingegangen war, hatte ihm mißfallen, und er war sehr erleichtert, als ich ihm sagte, daß ich meine Wagner-Begeisterung ohnehin selbst kritisch sehen und ‚hinterfragen' würde.
Das stimmt auch – aber ich komme nicht darüber hinweg, sagen zu müssen, ein wie gewaltiges Genie Wagner ist und bleibt, und in welche Tiefen der menschlichen Seele er vorzudringen und es musikalisch zu ‚geben' imstande war. Darauf hatte auch Hildebrand immer wieder hingewiesen, auch in seinem – unveröffentlicht gebliebenen – Buch über Wagner. Aber nicht dies war der Gegenstand des für Hellmut so charakteristischen Gesprächspunktes, sondern Wagners Frau Cosima. Hellmut wußte, daß Hildebrand in seiner Jugend Gelegenheit gehabt hatte, Bayreuth und seine Festspiele zu besuchen. Er wußte auch von dem Zwielicht um die Ehe Wagners mit Cosima Bülow; und er hatte einigen Einblick in Veröffentlichungen Cosimas (deren Tagebücher in den letzten Jahren publiziert worden sind). Sein Urteil über sie faßte er ganz lapidar zusammen: ‚Du, so sagte er, diese Cosima lehne ich ganz und gar ab.' Wenn man bedenkt, wie Hellmut den Unterschied zwischen der geistigen Welt, die er in der Narkose erlebt hat, und der irdischen Welt beschreibt; und wie ihn die banalen Gespräche, die ihn bei seinem Erwachen erwarteten, entsetzten, weil sie ‚einen Geist der Frivolität' atmeten; wenn man bedenkt, daß dieser Eindruck für Hellmut ‚unvergeßlich bis

heute' war, dann versteht man seine durch und durch ablehnende Haltung zu einer Welt, wie sie in Cosima Wagner Gestalt angenommen hatte. Darum hatte er so große Schwierigkeiten, Hildebrands (und meine) Wagner-Begeisterung ‚einzuordnen'. Seit ich diese Stelle in Hellmuts Buch gelesen habe, verstehe ich ihn und ich sehe, von welch wunderbarer Art die geistige Lichtquelle gewesen sein muß, die er in der Narkose schauen durfte – echt, objektiv, unvermischt –, was man von der ‚Lichtdarstellung', wie sie sich da und dort im Werke Wagners findet, keinesfalls sagen kann. Wie in der geistigen Qualität so ganz anders ist die Stelle in Haydns Schöpfung – ‚Es werde Licht – und es ward Licht' – mit dem überwältigend klaren, herrlichen Einsatz des Orchesters im hellen Glanz eines leuchtenden, reinen C-Dur! Das, meine ich, hat echte ‚Verwandtschaft' mit jener Lichtquelle, die Hellmut gesehen hat.

3. Dietrich von Hildebrand: War dies ein Punkt, in dem er mit Hildebrand nicht ganz konform ging – auch sein Urteil über Wagners ‚Tristan' lehnte er ab – wie er auch seine Vorträge über Mozart, Beethoven und Schubert als ‚nicht so bedeutend' beurteilte – so war er doch insgesamt hingerissen von der Bedeutung und Größe Hildebrands als Philosoph und Interpret des katholischen Glaubens. Einmal hat er mir – noch daheim in der Arenbergstraße – durch seine Frau Gertrud telephonisch ‚zurufen' lassen, für wie wichtig er eine der letzten Erscheinungen des Gesamtwerkes Hildebrands, nämlich die ‚Moralia', halte.[24] Das hat er mir dann auch persönlich gesagt. Ich darf hier anmerken: Zusammen mit John Crosby habe ich die Ehre, daß uns dieses Werk gewidmet wurde. Jedenfalls, bei dem letzten Gespräch im Krankenhaus sagte Hellmut nochmals, daß er die *Christliche Ethik* und die *Moralia* zusammengenommen für die bedeutendste philosophische Leistung Hildebrands halte. Wiederholt gab er der Hoffnung Ausdruck, daß die in diesen beiden Büchern niedergelegten fundamentalen philosophischen Einsichten auch für die Moraltheologie, die heute so im argen liegt, fruchtbar gemacht werden. In diesem Punkt setzte er große Hoffnungen auf seinen Sohn P. Andreas Laun, der sich damals gerade habilitierte.

4. Das Gespräch über Metternich: In den letzten Jahren hatte sich Hellmut viel mit österreichischer Geschichte beschäftigt, vor allem mit der Gestalt des Staatskanzlers Metternich und mit den revolutionären Bewegungen der Jahre 1848/49. Auf das Thema war er anläßlich des Erscheinens einer neuen Metternich-Biographie gekommen, die ihm sein Sohn Johannes gebracht hatte. Der Biograph hatte sich mit der gesamten Thematik sehr kritisch auseinandergesetzt, für Österreich nicht gerade schmeichelhaft, wenn man an die Niederwerfung der Aufstände in Oberitalien und vor allem, noch schlimmer, in Ungarn denkt. Denn in Ungarn war der Sieg nur mit Hilfe Rußlands errungen worden und die Kapitulation der Ungarn bei Vilagos 1849 hatte bittere Folgen. Da Hellmut, der als gebürtiger Schwabe erst später Österreicher wurde, Österreich liebte, haben ihn diese Trübungen seines Österreich-Bildes sehr beschäftigt. Er sah, wie hart die Maßnahmen dieser Jahre waren und verstand, daß der Staatskanzler eine vielschichtige, in mancher Hinsicht auch zwielichtige Persönlichkeit war. Daß er in seiner Weise auch ein genialer Politiker war, der das Unheil, das über Europa kommen würde, vorausgeahnt hat, tut diesem Urteil keinen Abbruch. Tatsächlich scheint Metternich das Chaos vorausgesehen zu haben, das durchschritten werden mußte, ohne daß man wissen konnte, wann und wie man wieder festen Boden unter die Füße bekommen würde. Diese Fragen haben Hellmut viel zu schaffen gemacht und er ist auch bei unserem letzten Gespräch darauf zurückgekommen. Schon Wochen vorher hatte ich ihm die große, immer noch ‚klassische' Metternich-Biographie Heinrich von Srbiks verschafft, und er hatte sie auch noch teilweise ‚angelesen'. Von ihr, so hoffte ich, werde manches klärende Licht ausgehen, obwohl auch Srbik die Dinge beim Namen nennt, wenn auch – in seiner Art – glättend und mildernd, was ihm ja oft vorgeworfen wurde. Auch ich habe bei diesem letzten Gespräch versucht, Hellmut die Dinge, so weit ich dazu in der Lage war und so weit es in diesem Rahmen möglich war, in ihren historischen Perspektiven zu erklären. Das haben übrigens auch andere Freunde, die mit ihm darüber sprachen, versucht, so der liebe Karl Mensdorff, ein ‚gelernter Österreicher', der ihm die Dinge geschichtlich, menschlich und politisch ‚realistisch' erläuterte.

Aber Hellmut konnte offensichtlich über gewisse ‚Schwachpunkte' Österreichs, das er so liebte und in einer so idealen Belichtung gesehen hatte, nicht hinwegkommen.

5. *Das Haus Habsburg*: In diesem Zusammenhang kamen wir auch auf das Haus Habsburg zu sprechen, an dem er sehr hing. Daß auch der Kaiser in die Ereignisse um 1848/49 hineinverwickelt war, beschäftigte und bedrückte ihn. Ich habe ihn darauf hingewiesen, daß dieses Geschlecht doch außergewöhnlich war: Bis zuletzt betrachtete es seine Macht als einen göttlichen Auftrag, und an seinem politischen Ende dürfte wohl ein Heiliger stehen (Gemeint ist Kaiser Karl I., dessen Seligsprechungsprozeß eingeleitet wurde). Bemerkenswert ist auch dies: Im Unterschied zu den französischen oder englischen Königsgeschlechtern gab es bei den Habsburgern – abgesehen von einer einzigen Ausnahme, nämlich der Ermordung des (übrigens wirklich sehr harten) Königs Albrecht I. durch Verschwörer unter der Führung seines Neffen Johann – keinen Königsmord. Auch hat man den Habsburgern zu Recht eine besondere Frömmigkeit nachgesagt, die Anna Coreth in ihrem Buch ‚Pietas Austriaca' beschrieben hat. – So versuchte ich Hellmut auch über diesen Punkt zu beruhigen.

6. *Literaturfragen:* Ein anderer Gesprächspunkt war die Literatur. Hellmut war sehr belesen. Seine Lebensgeschichte zeigt ja, an welchen großen Autoren er sich sein literarisches Urteil geformt hat.
Noch an seinem Sterbetag hat er, fast leidenschaftlich, gegen Verzerrungen des Christentums durch Hermann Hesse Stellung genommen. Hesse hatte ihn in seiner Jugend sehr beschäftigt und er wußte von dem Einfluß, den Hesse auch heute wieder auf junge Menschen ausübt.
Ein anderes Mal sprachen wir von den ‚katholisierenden Tendenzen' bei Goethe, die zum Teil noch in der ersten COTTA-Ausgabe zu finden seien, die aber in späteren Ausgaben getilgt worden sind. Übrigens haben auch auf meinem eigenen Weg zur Kirche einige Passagen aus ‚Dichtung und Wahrheit', vor allem die Erläuterung der sieben Sakramente, eine nicht unwichtige, ‚zeugnishafte' Rolle gespielt.

7. Konversion und Kirchenkrise: Eines der letzten Gesprächsthemen betraf seine große Liebe – die heilige katholische Kirche! Immer wieder bekräftigte er seine Konversion. Damals, sagte er mir, als ihn die Gnade Gottes in die Kirche führte, hätte er die jetzige, so schmerzliche Situation der Kirche nicht für möglich gehalten. Ihn bedrückte die Verwirrung, die wir seit zwei Jahrzehnten erleben, der Progressismus mit seinem Glaubens- und Sittenschwund, der Ungehorsam gegenüber dem Papst und der Kirche, gegen Gottes Gebot und Gesetz. Aber trotz all dem sah er seine Konversion zur katholischen Kirche immer als großes Glück und Geschenk Gottes. Zu mir, der ich im Jahre 1942 unter schwierigen Umständen katholisch geworden war, sagte er: ‚Du bist ein Konvertit und ich bin ein Konvertit – wir verstehen uns!'
Angesichts der Krise in der Kirche und seiner eigenen früheren Erfahrungen sagte er bei dem letzten Gespräch, er habe angenommen, nach seiner Konversion ‚in eine gläubige Menge einzutauchen'; darin habe er allerdings große Enttäuschungen erlebt. Ich erzählte ihm kurz, wie es mir nach meiner Konversion ergangen war. Denn nach dem Krieg wurde ich in das kleine Salzburgische Krispl verschlagen und lebte in dem Glauben, damit käme ich in ein geschlossen katholisches Bauerndorf. Was für ein Irrtum! Und doch, ich habe dort einige tief fromme und selbstlos hilfsbereite Menschen, wahre Christen in Glaube und Liebe, kennengelernt!
Hellmut unterstrich nochmals die Bedeutung der religiösen Gemeinschaft, die er später gefunden hatte und die ihm Halt, Stütze und innere Hilfe geworden sei. Auch in diesem Punkt stimmten wir völlig überein. Vor kurzem las ich von Heinrich Schlier, dem bekannten Neutestamentler, die ‚Kurze Rechenschaft'. Auf dem Weg über die hl. Schrift und geführt von der Gnade Gottes hatte er, der evangelische Pastor, seinen Weg in die katholische Kirche gefunden. Wieder wurde mir bewußt, welche Gnade es ist, wenn Gott einem Menschen den Weg zur Wahrheit und damit zur Kirche führt. Diesen Weg ist auf seine Weise auch Hellmut gegangen, er hat ihn in seinem so schönen und ergreifenden Buch beschrieben. Bis zuletzt ist er diesen Weg in großer Treue zu seiner Berufung gegangen, in Gebet und Opfer.

8. Thomas von Aquin: Thomas von Aquin war gleichsam der Leitstern seines Lebens geworden, wie übrigens auch die Sterbeanzeige und das Totenbild Hellmut Launs gezeigt haben. Manche seiner Freunde sagen: Hellmut wird im Himmel nächst dem Herrn und seiner Mutter sich sogleich nach dem hl. Thomas erkundigt haben, den er so sehr liebte und verehrte. Er war ihm sicherlich auch in seiner Todesstunde Fürbitter und Helfer.

9. Ertragen: Sehr ergriffen, ja erschüttert haben mich einige Bemerkungen, die darauf schließen ließen, wie tapfer er – unter schwierigen gesundheitlichen Umständen, oft in einer vorweggenommenen Todesangst – seinen inneren Kampf gegen jene Anfechtungen führte, die einen Menschen in geschwächtem Zustand noch leichter überkommen als für gewöhnlich. Dieses innere ‚Nein!' gegen Anfechtung und Zweifel, die sich an die verschiedensten Themen gleichsam ‚anhängten' – Kirche, Probleme in der Familie, die geistig-religiöse Situation der Welt und anderes dieser Art – und damit das ‚Ja!' zu Gott und Seinem Willen war bewundernswert. Bei all dem war er, wie in der letzten Nacht, von der er auch erzählte, so sehr am Ende seiner Lebenskraft, daß er, etwas verwirrt, in tiefster Nacht zum Telefon griff und seine Frau anrief. Aber von all dem merkte man ihm bei diesem letzten Gespräch nicht viel an, außer daß er, wie schon erwähnt, erregbarer war als sonst – etwa, wenn er seiner Empörung über die Verzeichnung des Christentums durch Hermann Hesse Ausdruck gab; oder als er sein ‚Nein!' gegenüber Anfechtungen mit einer entschiedenen Bewegung der Hand unterstrich.
Aber was ist dies alles gegenüber der Welt, in die er nun endgültig eingetreten ist und die sich ihm, wie aus seinem Buch hervorgeht, schon auf so dramatische Weise erschlossen hatte. Es genügt, die Konsequenzen nachzulesen, die Hellmut aus seinem Narkose-Erlebnis gezogen hat: Jenseits unserer erfahrbaren Welt existiert ein Geist, den die menschliche Seele als letzte Beglükkung ersehnt ...
Daß Hellmut Laun dieses Ziel erreicht hat, hoffen und glauben alle, die ihn gekannt und geliebt haben."

Eine Dame aus Ungarn
(in einem Brief an Andreas Laun OSFS)

„Ich lese das Buch mit großer Freude. Der Inhalt ist so fesselnd schön. Das Leben und Schicksal des Autors ist ganz dem meinen ähnlich ... Der Glaube ist mein ganzes Glück und ist stets meine Hilfe in ernsten Situationen gewesen. Ich bin so glücklich, Katholikin zu sein. Seit ich die Gnade des Glaubens erhalten habe, habe ich ihn stets voll und ganz, ohne den kleinsten Zweifel, angenommen. Es ist ein herrliches Gefühl: jetzt gehöre ich zu IHM (Jesus)! Das hat sich in all den Jahren nicht geändert, und die Sehnsucht nach ihm nimmt nur zu. Ich fürchte den Tod nicht, ich sehne mich nach ihm."
(Ich bringe dieses Zeugnis deshalb, weil auch mein Vater in dieser Art über seine Konversion redete.)

Michael Dobler, Pfarrer

„Ich habe das Buch von H. Laun ‚auf einen Sitz' ausgelesen. Es ist so spannend! Endlich ein Buch für die Männer! Es ist eine wunderbare Hinführung zur katholischen Kirche."

Igor Pantschowski,
ein orthodoxer Theologie-Professor aus Rumänien

„Das Buch habe ich mit großem Interesse gelesen. Manche Teile habe ich sogar mit meiner Frau und unseren Bekannten gemeinsam besprochen. Das Buch ist für mich persönlich sehr wichtig, nicht nur als autobiographisches Werk, sondern als Bekenntnis einer ungewöhnlichen Bekehrung ... Früher habe ich mich viel mit Psychologie und Phänomenologie der Religion beschäftigt. Ich habe sogar bei uns eine ‚Religionspsychologie in apologetischer Sicht' veröffentlicht. Vom religionspsychologischen Gesichtspunkt aus halte ich das religiöse Grunderlebnis von Hellmut Laun für echt. Er gehört zu den größten Konvertiten der Welt. Offensichtlich suchte er aufrichtig den Weg zur Wahrheit. Deshalb fand er Gott, die ewige Wahrheit, und hat ihn nie verlassen. Reich war die Gnade Gottes zu ihm."

P. Alois Kothgasser,
Professor für Dogmatik in Benediktbeuern, in einem Brief an Gertrud Laun (1982):

„Auf der Fahrt verschlang ich das Buch, und las es in der Silvesternacht zu Ende. Ich muß Ihnen einige Eindrücke mitteilen: Da ist zunächst die ganz realistische schwäbische Art, das Leben zu sehen und mit dem Leben umzugehen. Dann die Beschreibung des Erlebnisses in der Narkose, die Perspektiven öffnet, wie sie mir von den Paulusbriefen her geläufig sind. Schließlich das Christuserlebnis und die Entdeckung des Geheimnisses der Kirche. Das alles ist so realistisch und wahr, ohne Frömmelei und religiöse Effekthascherei dargestellt, daß man einfach sagen muß: Das ist die Wirklichkeit! ... Es ist ein handfestes Buch für Männer."

Eine Hausfrau

„Das Buch habe ich mit großem Interesse gelesen. Ich mußte mich jedesmal gewaltsam davon losreißen und benutzte jede Gelegenheit, die sich mir bot, um darin weiterzulesen. Gerade dadurch, daß das ganze Buch so klar und sachlich geschrieben ist, haben mich die Schilderungen der außergewöhnlichen Erlebnisse mit all ihren Folgen so tief beeindruckt ..."

Mater Solana, Ordensfrau

„Das Buch habe ich fast in einem Zug gelesen. Ich war tief beeindruckt und empfahl es beim letzten Zusammensein unseren Schwestern ..."

Grete Muschik

„Es ist sehr interessant, bringt auch Zeitgeschichte, und ist sehr lebendig geschrieben, mancher Name ist mir ein Begriff. Auch Hochwälder kommt darin vor. Das religiöse Erlebnis des Herrn Laun kann ich mir gut vorstellen, aber ich bin einer Meinung mit ihm, daß man solche Erlebnisse einem Außenstehenden nicht leicht verständlich machen kann, wenn er nicht selbst ähnliches erfahren hat. Daß so ein inneres Erlebnis ein gravierendes Ereignis ist, zeigt sich meiner Meinung nach dann, wenn man es nie mehr vergißt."

P. Hermann Josef, Ordenspriester

„Ich habe es in *einem* Zug gelesen. Es hat mir neue Kraft und neuen Mut für den Alltag gegeben. Ich sehe mein Leben wieder ganz neu in der Perspektive des Gerufenseins durch Gott."

Eine Pensionistin

„Heute hatte ich Gelegenheit, mit unserem Hausgeistlichen über H. Laun zu sprechen. Er ist überzeugt von der Richtigkeit seiner Angaben über die Ewigkeit. Ich bin über dieses Urteil sehr beglückt, denn Prof. Staudinger ist unbedingt glaubwürdig und in die Materie wie kein anderer eingeweiht. Du hast mir mit diesem Buch einen großen Dienst erwiesen. Bei meiner labilen Verfassung besteht die Gefahr, an allem zu zweifeln. Da hat man eine Auffrischung des Glaubens nötig."

Karla Mertens,
Schülerin Hildebrands, die mit Hellmut und Gertrud Laun eng befreundet war[25]

„Dieses Buch beschreibt einen Lebensweg, der, so scheint mir, in mehrfacher Hinsicht paradigmatisch ist. Der Bericht ist überaus anschaulich und schlicht, persönlich wie eine Erzählung von Freunden; seine unmittelbare, schwäbische Lebhaftigkeit, die ebenso treffsicher ist wie diskret, macht ihn menschlich liebenswürdig und zugänglich für weite Kreise. Mit seinem anspruchslosen, ganz unreflektierten Stil gelingt es dem Verfasser, auch subtilste seelische Vorgänge in überzeugender Einfachheit präzise wiederzugeben. Der Autobiograph schildert zunächst den Werdegang eines natürlichen, hochsensiblen, bürgerlichen Menschen in der ersten Hälfte des 20. Jahrhunderts. Auf diesem Hintergrund gibt er Zeugnis von seiner zweifellos außergewöhnlichen Bekehrung. Sie reiht sich zugleich in eine Kette ähnlich dramatischer Einbrüche der Gnade ein, wie sie gerade in Zeiten des Absinkens und des Zerbröckelns kirchlichen Glaubenslebens nicht selten von der Vorsehung geschenkt werden. Es sei nur an Edith Stein, an André Frossard, an den im zweiten Weltkrieg gefallenen russischen Soldaten erinnert, dessen ergreifendes Gebet man in seiner Brusttasche fand; nicht zuletzt auch an die zahlreichen, alle pragmatischen Vorstellungen sprengenden Gnadenereignisse in den atheistischen Ländern, wie sie Maria Winowska und Wladimir Maximow wiedergeben. Vor allem legt Laun ein Bekenntnis ab zu jener überzeitlichen, ungebrochenen Katholizität, die einzig und universal zugleich ist, die sich der ganzen Menschheit öffnet und in der Gestalt Johannes Paul II. ihre ursprüngliche Leuchtkraft zurückgewonnen hat.

Der Lebensweg Hellmut Launs ... ist sowohl außergewöhnlich wie beispielhaft für eine ganze Generation, die aus provinzlerischer Enge in eine weitere, neue Möglichkeiten eröffnende Situation hineinwuchs. Es ist dieselbe Generation, die sehr bald unter dem diabolischen braunen Terror und den Qualen des Krieges die Zerbrechlichkeit der menschlichen Existenz durchlitt und zur Ewigkeit hin aufgebrochen wurde. In Launs Leben ereignete sich ein ihn völlig überwältigendes Einströmen der jenseitigen Wirklichkeit. Das Wirken Gottes vor aller menschlichen Mitwirkung, die rein zuvorkommende Gnade wird unserem geistigen Auge sichtbar ... Launs weitere Entwicklung zeigt, wie in einer Periode des Verfalls der menschlichen Bindungen gläubige Laien die ecclesiola der christlichen Familie zu verwirklichen vermögen; wie ferner katholische Vereinigungen und Freundeskreise – so der benediktinisch-liturgisch geprägte um Hildebrand in Wien –, zur Erneuerung des kirchlichen Lebens beitragen können. Bekanntlich setzte schon Pius XII. auf diese Laienspiritualität seine besondere Hoffnung ... Mir scheint, daß Hellmut Laun ein wahres Zeugnis abgelegt hat für die auch heute noch in die Menschenwelt unmittelbar einbrechende Gnade, und zugleich ein Beispiel gab für ein volles christliches Leben von morgen."

Anmerkungen

1 Unter „Spartakusaufstand' versteht man heute gemeinhin die Straßenkämpfe, die sich zwischen 5. und 11. Jänner 1919 in Berlin zutrugen. Der Name geht zurück auf die „Spartakisten", die Anhänger einer linksgerichteten revolutionären Vereinigung, dem „Spartakusbund", unter der Führung von Karl Liebknecht und Rosa Luxemburg, deren Ziel eine kommunistische Räterepublik nach dem Vorbild Rußlands war. Hellmut Laun beschreibt hier mit „Spartakusaufstand" offensichtlich eine der zahllosen Unruhen, die im Herbst 1918 und Frühjahr 1919 in ganz Deutschland stattfanden. Der Historiker Eberhard Kolb charakterisiert diese Zeit mit folgenden Worten: „In vielen Teilen des Reiches kam es zu großen Streikaktionen, zur Besetzung von Betrieben, Zeitungshäusern und öffentlichen Gebäuden; einige kurzlebige Räterepubliken entstanden (Bremen, München), vielerorts fanden bewaffnete Auseinandersetzungen statt. Erst mit der Niederwerfung der Streikbewegungen, Unruhen und räterepublikanischen Experimente des Frühjahrs 1919 durch massiven Einsatz von Freikorpsformationen war die Revolution von 1918/19 beendet" (Eberhard Kolb, Die Weimarer Republik [Oldenbourg-Grundriß der Geschichte Bd. 16, Wien-Oldenbourg 1984] S. 20).

2 Hier klingen zwei wichtige Begriffe der Philosophie Hildebrands an: das „subjektiv Befriedigende" im Unterschied zum wahren „Wert" und die Wertblindheit. Hildebrand hat vor allem in seiner „Christlichen Ethik" erklärt, was damit gemeint ist.

3 Michael Pfliegler war damals ein bekannter Professor für Pastoraltheologie an der Wiener Katholisch-Theologischen Fakultät, von dem wichtige Impulse für das kirchliche Leben und die Seelsorge ausgingen. Allerdings, gegenüber dem National-Sozialismus hat er sich als naiv erwiesen.

4 Hier muß dem Verfasser ein Irrtum unterlaufen sein, da Hochwälders Stück „Das heilige Experiment" erst 1942 im Schweizer Exil entstanden ist und in Wien erst 1947 vom Burgtheater gespielt wurde. Das vom Verfasser erzählte Gespräch muß daher auf eine andere Weise auf Jesus Christus gekommen sein; oder aber ein ähnliches Gespräch fand nach dem Krieg statt und wurde irrtümlich zurückdatiert. Da der Irrtum nur den Anlaß des Gespräches betrifft, behält der Bericht seinen vollen Sinn und wurde deshalb in dieser Form belassen.

5 D. v. Hildebrand (1889–1977), Sohn des Bildhauers Adolph von Hildebrand, Schüler von Edmund Husserl, war Philosoph und führte als Denker und als Katholik einen leidenschaftlichen Kampf gegen den Nationalsozialismus. Sein philosophisches Werk wird heute von Josef Seifert und seinen Schülern weitergeführt.

6 Albert Niedermeyer war Arzt und Professor für Pastoralmedizin, begeister-

ter Thomist in seiner philosophisch-theologischen Orientierung und schrieb ein 6-bändiges Standard-Werk über Pastoralmedizin. Auch er war Konvertit.

7 „Depositum fidei" nennt man die Summe aller Glaubenswahrheiten.

8 Ich, Andreas Laun OSFS, war in den 70er Jahren Zeuge eines Gespräches zwischen Hildebrand und meinem Vater über diese Ereignisse. Hildebrand bestätigte damals: Das, was der – äußerlich gesehen seiner selbst nicht mächtige – Schauende hervorstieß, entsprach völlig dem katholischen Glauben.

9 P. Alois Mager, ein Benediktiner, war Theologie-Professor in Salzburg und anerkannter Fachmann auf dem Gebiet der Mystik.

10 Ende der 70er Jahre lebte Frau Rosa Pserer noch im Lainzer Altenheim der Stadt Wien. Hellmut Laun, seine Frau Gertrud und sein Sohn Andreas besuchten sie dort noch und konnten mit ihr sprechen. Sie erinnerte sich zwar noch, aber sie war bereits so verwirrt, daß eine genauere Klärung der Geschichte nicht mehr möglich war.

11 Das Lehramt der Kirche beschäftigte Hellmut Laun sehr und spielte in seinem Denken eine große Rolle. Das Pochen auf die eigene „Meinung" in Fragen der Lehre, wie sie heute weithin üblich geworden ist, war für den Autor schlechthin undenkbar.

12 Hildebrand hat ein viel beachtetes Buch über das spirituelle Leben geschrieben, das eben diesen Titel trägt: Umgestaltung in Christus. 3. Aufl. Einsiedeln 1955. Das Werk wurde neuerdings in Regensburg neu herausgegeben.

13 Mit Hilfe seines Schweizer Passes gelang Hildebrand eine abenteuerliche Flucht vor den NS-Schergen, die ihn durch ganz Europa verfolgten. Seine Witwe, Alice von Hildebrand, bereitet eine Biographie ihres Mannes vor, in der diese Ereignisse erzählt werden.

14 P. Stöcklein (in: Einspruch wider den Zeitgeist. Bonn 1992, 99) beschreibt die vorausgehende Situation so: „Die tote Schwüle einer Dunstglocke hing über Zentraleuropa und gebar wirre Träume ... Es handelte sich um eine europäische Krankheit. Österreich war infiziert; kein Wunder: Im großen ‚Bruderland' schritt, während Österreich darbte, der neue Kanzler von Erfolg zu Erfolg, mirakulös wachsend, sich sonnend im weltweiten Beifall. So fünf Jahre lang."

15 Es war für meine Geschwister und mich (= der Sohn Andreas) eine große Freude zu hören, daß die Eltern von Ferdinand Dexinger, Judaist an der Universität Wien, von meinem Vater als dem „Engel der Verfolgten" sprachen, weil er eben Menschen jüdischer Abstammung in seiner Firma „versteckte".

16 Die Entwicklung ist inzwischen weitergegangen. Viele andere Gemeinschaften und „Bewegungen" sind inzwischen entstanden, deren Ziel es ist, christlich in der Welt zu leben. Man sieht aber, der Aufbruch hat schon lange vor dem Konzil begonnen.

17 Das Studentinnenheim existiert zwar nicht mehr, wohl aber das Kloster der „Heimsuchung Mariens". Diese Ordensgemeinschaft wurde vom hl. Franz von Sales zusammen mit der hl. Johanna Franziska von Chantal gegründet.

Der zweite Sohn des Autors, Andreas, ist bei den Oblaten des hl. Franz von Sales eingetreten, einer Ende des 19. Jahrhunderts von Louis Brisson in Frankreich gegründeten Ordensgemeinschaft, die die Spiritualität des hl. Franz von Sales zur Grundlage hat und daher ebenfalls zur „salesianischen“ Familie gehört.

18 Vgl. Das trojanische Pferd in der Stadt Gottes (Regensburg 1968); Der verwüstete Weinberg (Regensburg 1973).

19 Es handelt sich um einen mit Metall beschichteten Verbandstoff, der einerseits mit der Wunde nicht verklebt und andererseits infektionshemmend wirkt. Wenn ich richtig informiert bin, wird er heute besonders für Brandwunden eingesetzt.

20 Vgl. Erkenntnis objektiver Wahrheit (2. Aufl. Salzburg 1976); Leib und Seele (Salzburg 1973).

21 Der Name geht meines Wissens nach darauf zurück, daß sich im 30jährigen Krieg, als hessische Truppen in der Gegend wüteten, die Bewohner in diese Höhlen zurückzogen und dort versteckten.

22 Am 9. Jänner 1995 strahlte das Österreichische Fernsehen einen entsprechenden Bericht aus. – Zu erinnern ist natürlich an das berühmte Buch von R. Moody, Leben nach dem Tod (Hamburg 1977), aber auch an S. Loerzer u. M. Berger, Berichte aus dem Jenseits (Augsburg 1990, mit Literaturangaben).

23 Vgl. Franz von Sales, Theotimus oder Abhandlung über die Gottesliebe (Eichstätt 1960) 7. Buch, Kapitel 4–6. Über den demütigen Gehorsam als drittes Kriterium echter, wirklich von Gott kommender Eingebungen spricht Franz von Sales im 8. Buch, Kapitel 13. Da dieser christliche Gehorsam heute so oft verleumdet und lächerlich gemacht wird, erlaube ich mir, auf meine Studie hinzuweisen: Andreas Laun, Freiheit und Gehorsam im Salesianischen Verständnis. In: Jahrbuch für Salesianische Studien Bd. 21(Eichstätt 1989) S. 71–106.

24 Allerdings, sprachlich und formal hätte das Werk – wie manche Veröffentlichungen Hildebrands – vor der Drucklegung einer Bearbeitung bedurft, die der Verfasser offenbar nicht mehr leisten konnte.

25 Gekürzte Wiedergabe der Buchbesprechung in: Theologisches Nr. 135; Juli 1981, 4182–4184. Weggelassen habe ich vor allem Mertens inhaltliche Angaben zum Buch.

Bücher von Andreas Laun im Franz–Sales–Verlag

Liebe und Partnerschaft aus der Sicht der katholischen Kirche

4. Auflage, 96 Seiten, Broschur,
ISBN 3-7721-0168-2.

Der Salzburger Weihbischof Andreas Laun greift hier ein heißes Thema auf, das nicht nur im innerkirchlichen Raum viel und kontrovers diskutiert wird: Liebe und Partnerschaft. Laun faßt dabei die Sicht der katholischen Kirche zusammen. Er zeigt großes Einfühlungsvermögen für junge Eheleute im Umgang mit verantwortlicher Elternschaft und für junge Menschen auf dem Weg zu dieser.

Der salesianische Liebesbegriff

Nächstenliebe, heilige Freundschaft, eheliche Liebe

368 Seiten, gebunden, Broschur, ISBN 3-7721-0067-8

Die Gottesliebe nimmt im Leben und in der Lehre des heiligen Franz von Sales eine zentrale Stelle ein. Die Liebe ist das Fundament, das Zentrum und das Ziel des Lebens. Mit beachtenswerter Gründlichkeit und einer großen Kenntnis von Leben, Lehre und Werk des heiligen Franz von Sales untersucht Andreas Laun in diesem Buch, welchen Stellenwert bei Franz von Sales die Nächstenliebe, die Freundschaft und die eheliche Liebe besitzen.